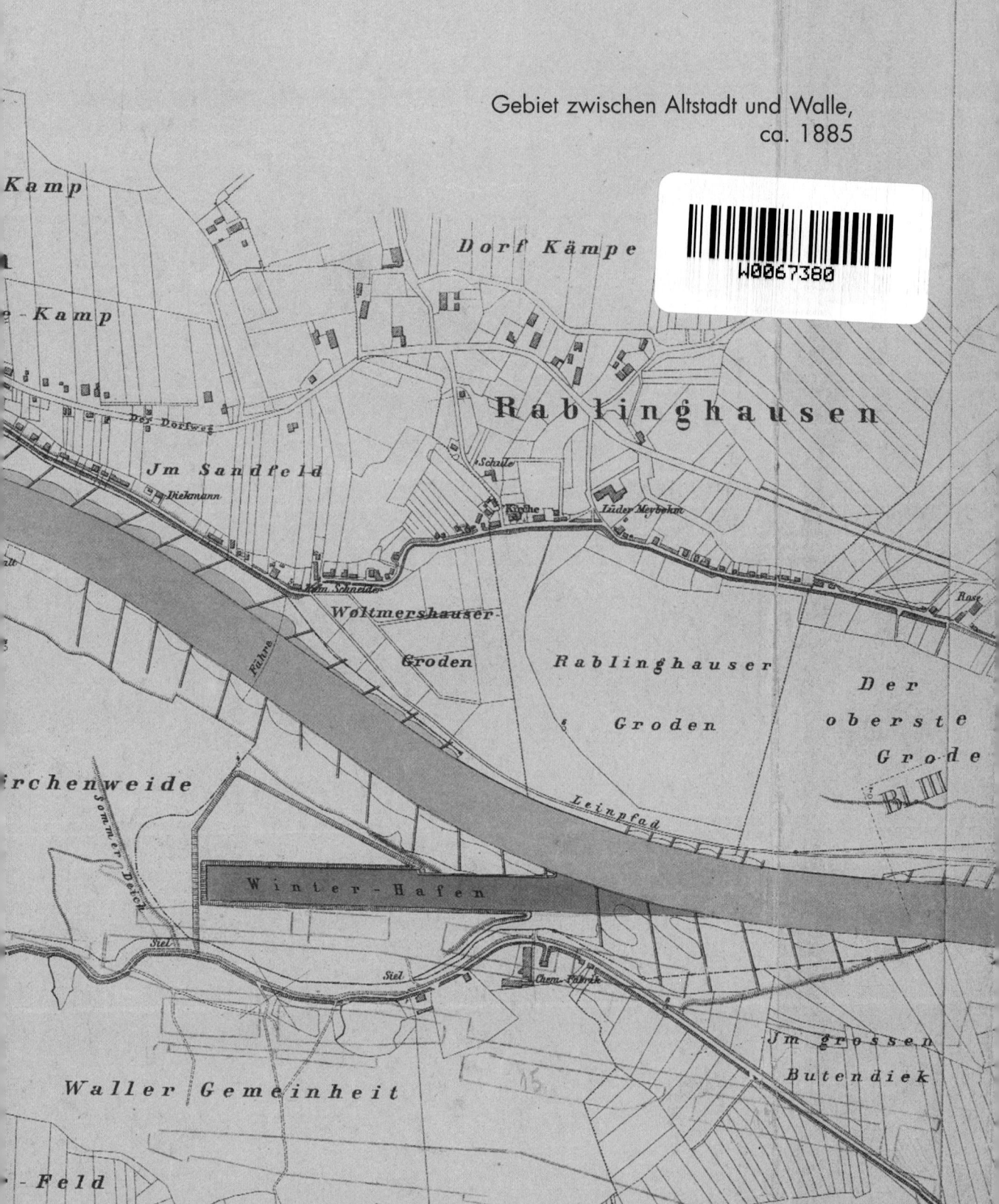

Gebiet zwischen Altstadt und Walle,
ca. 1885

DER BREMER ÜBERSEEHAFEN

Klaus Schlottau · Daniel Tilgner (Hrsg.)
Mit Beiträgen von Heinz-Gerd Hofschen, Daniel Tilgner, Klaus Wolf

DER BREMER ÜBERSEEHAFEN

EDITION TEMMEN

Vorwort

Leichter Eisgang ist für einen Seehafen kein Betriebshindernis. Drehender URAG-Schlepper der Unterweser Reederei A.G. im vollbelegten Überseehafen, Winter 1963/1964.

Der Bremer Überseehafen ist zugeschüttet, und die Hersteller von Stadtplänen und anderen kartographischen Darstellungen der Hansestadt verfolgen abwartend, was sie an seiner Stelle einzeichnen sollen. Wie genau das Erbe einmal aufgeteilt und genutzt werden wird, steht noch nicht fest. Ganz unabhängig davon zeigt der Blick auf einen bisherigen Plan der Gesamtstadt, was für ein großes Stück Bremen das alte Hafenrevier eigentlich ist. Allein der ehemalige Überseehafen und sein Nachbar, der Holz- und Fabrikenhafen, sind zusammen größer als die gesamte umwallte Bremer Innenstadt. Der wirtschaftliche Wert, den der Überseehafen für Bremen lange Zeit innehatte, war bedeutend.

Während dieser Band erscheint, werden mit dem Rückbau der Schuppen und den Abbruchssprengungen der Kajen nach und nach die Reste des Hafenbeckens aus dem Stadtbild entfernt. Somit ist es ein guter Zeitpunkt, nun noch einmal die Geschichte des Hafenbeckens im Überblick darzustellen. Er ist so gewählt, daß er zusammenfällt mit der Fotoausstellung »Umbruch. Ein Jahrhundert Überseehafen 1897–1998« des Focke-Museums - Bremer Landesmuseum für Kunst und Kulturgeschichte. Mit der Beckenverfüllung als Schwerpunkt zeigt sie Bilder aus der gesamten Geschichte des Überseehafens. Durch Kooperation der Edition Temmen mit dem Focke-Museum konnten daraus viele Fotos in diesem Buch erscheinen, das somit wiederum als eine Art weiterführender Begleitband zur Ausstellung angesehen werden kann.

»Der Bremer Überseehafen« ist hervorgegangen aus einer zunächst nur auf wenige Seiten konzipierten Darstellung der historischen Hafenentwicklung. Sie war gedacht als allgemeinhistorische Einleitung für ein umfassendes, mehrere hundert Seiten starkes Gutachten zur Schadstoffbelastung im Bereich des Überseehafens. Das Hansestadt Bremische Hafenamt, Bezirk Bremen, hatte die Untersuchung bei Klaus Schlottau im Juni 1998 in Auftrag gegeben, der wiederum Daniel Tilgner zur Abfassung des besagten Textes engagierte.

Schwimmkräne beim Einsatz bei Schuppen 14 im Überseehafen.

Strand an der Kaje bei Schuppen 15 im Oktober 1998.

Das reiche, für das Gutachten gesammelte Material war jedoch viel gehaltvoller, als es für einen kurzen Text bedurft hätte und bot eine gute Grundlage für eine allgemeine historische Untersuchung des Überseehafens. Ein großer Seehafen ist als Umschlagdrehscheibe für ein weites Hinterland eine

Schon zwei Monate bevor die Sandeinspülungen abgeschlossen wurden, war vom Hafenkopf II aus noch eine große Düne zu sehen. Foto vom Oktober 1998.

kleine Welt für sich. Je nach Blickwinkel kann er als schifffahrts-, handels-, umschlags-, bau-, sozial- oder technikgeschichtliches Denkmal präsentiert werden. Wegen dieser thematischen Vielfalt konnte ein gründlicher Abriß nur durch Hinzuziehung zweier Mitarbeiter gelingen.

Heinz-Gerd Hofschen, der Projektleiter der Fotoausstellung im Focke-Museum, verfaßte einen kurzen Überblick zur Lebenswelt der im Hafen tätigen Menschen. Klaus Wolf ebnete den Weg durch die wasserbauliche und bautechnische Geschichte und in diesem Zuge auch zu zahlreichen Einzelinformationen, auf die er als langjähriger Mitarbeiter des Hafenamts zurückgreifen konnte. Alle nicht namentlich gekennzeichneten Abschnitte stammen von Daniel Tilgner.

Die Herausgeber danken Heinz-Gerd Hofschen und Klaus Wolf für ihre Beiträge, der Leitung und den Mitarbeitern des Hansestadt Bremischen Hafenamtes, Bezirk Bremen, für zahlreiche Auskünfte und die großzügige Öffnung des Fotoarchivs, dem Focke-Museum – Bremer Landesmuseum für Kunst und Kulturgeschichte ebenfalls für bereitgestellte Fotos, vielen bremischen Behörden (u.a. dem Landesamt für Denkmalpflege, dem Hauptzollamt, dem Bremer Staatsarchiv, dem Senator für Wirtschaft) und vielen Bremer Firmen für die bereitwillige und teilweise aufwendige Hilfe bei der Suche nach Einzelinformationen sowie der Edition Temmen für die gute Zusammenarbeit.

Bremen, im August 1999
Klaus Schlottau und Daniel Tilgner

»Kernstück
der stadtbremischen Häfen«

Ein 1974 vom Bremer Verkehrsverein herausgegebenes Bre-
men-Brevier nannte wie selbstverständlich den Überseehafen
als das »Kernstück der stadtbremischen Häfen«. Schon damals war diese Aussage eigentlich veraltet. Sie hätte eher rück-
wärtsgewandt und auf die Blüteperioden der Häfen vor dem
Ersten und Zweiten Weltkrieg sowie in den 1950er und 1960er
Jahren bezogen werden müssen. Tatsächlich war dem Überseehafen schon bald, nachdem 1964 das erste Schiff im Neustädter Hafen festgemacht hatte, von diesem neuen Freihafen-

Blick vom Hochhaus der
BLG in den Überseeha-
fen, um 1965.

9

becken auf der linken Weserseite der Rang abgelaufen worden und der überwiegende Warenumschlag von der rechten auf die andere Weserseite gewandert. Sicher galt die Bezeichnung »Kernstück« jedoch noch im übertragenen Sinne: Der Überseehafen – oder »Hafen II«, wie er bis 1938 offiziell genannt wurde – verkörperte von seiner Inbetriebnahme im Herbst 1906 bis zur 1998 erfolgten Verfüllung ein wichtiges Stück bremischer Identität. Das feste Vertrauen auf eigene wirtschaftliche Kraft baute sich in Bremen vor allen anderen ökonomischen Aktivitäten auf »Molen und Freihafenpiers, Werften und Docks«, das heißt auf Seehandel und Hafenwirtschaft. So meinte es einmal treffend ein Freund der Stadt, der Schriftsteller und Maler Hans Leip (1893–1983).

Eine Gliederung zur Darstellung der Geschichte des Überseehafens ergibt sich im wesentlichen aus seinen hauptsächlichen Entwicklungsstufen. Es sind dies der dreiteilige Ausbau von der vollständigen Inbetriebnahme 1906 bis Ende der 1930er Jahre, die Zerstörung während der alliierten Bombenangriffe im Zweiten Weltkrieg, der Wiederaufbau nach 1945 sowie damit einhergehende und spätere Veränderungen und Modernisierungen und schließlich der Rückgang des Hafenbetriebes bis zum vollständigen Stillstand und der Verfüllung des Beckens. Einen Einblick in die frühere Arbeitswelt des Überseehafens bieten im Anschluß an den chronologisch abgefaßten Überblick zwei weitere Kapitel, eines über technische Fragen im Hafenbetrieb, das andere zur Sozialgeschichte der Arbeit im Hafen. Die historische Darstellung endet mit einem Kapitel über die Verfüllung des Hafenbeckens.

Rechte Seite:
Die Luftaufnahme zeigt den voll belegten Überseehafen zu Anfang der 50er Jahre. Vorn rechts der Binnenschiffliegeplatz.

1
Entwicklung der bremischen Häfen

Die Häfen von den Anfängen bis ins 19. Jahrhundert

Weserkähne waren Bre-
mens einzige Verbin-
dung zu seinen See-
schiffen, die ihre La-
dung weit vor der Stadt
löschen oder an Bord
nehmen mußten.
Gouache um 1806.

Die Schlachte in einer
Vogelschau von Johann
Daniel Heinbach
(1757). Gut zu erken-
nen sind die
»Wuppen«, mit denen
die dicht gedrängt lie-
genden Weserkähne
entladen wurden. Rechts
die Martinikirche, unten
die Teerhofspitze.

Der erste bremische Hafen befand sich mitten im Herzen der mittelalterlichen Stadt. Gemeint ist die Balge, der kleine Nebenarm der Weser, der sich aus zwei Abzweigungen des Flusses speiste: die eine unterhalb des Ostertors, nahe der heutigen Kunsthalle, die andere auf Höhe des Johannisklosters (»Klosterbalge«). Vereint flossen sie vermutlich an der Südseite des Marktes entlang und um das Martiniviertel herum, bevor sie bei der Schlachte zurück in die Weser mündeten. Die Balge konnte sowohl den von der Oberweser, wie den von seewärts einlaufenden Schiffen als Anlege- und Umschlagplatz dienen und überdies Schutz vor Eisgang, Stürmen oder Hochwassern bieten. Sie war Bremens Seehafen im Mittelalter. Mit der wachsenden Größe der Schiffe verlor der schmale Wasserlauf seinen Wert und wurde Ende des 16. Jahrhunderts von der am Martiniviertel gelegenen Schlachte abgelöst, wo schon länger die größeren Schiffe beladen und gelöscht worden waren. Mit einem Kran und mehreren schwenkbaren, mit Winden versehenen Ladebäumen, den »Wuppen« (hochdeutsch: »Wippen«), wurde hier der Umschlag bewältigt, und zwar über Jahrhunderte in technisch so gut wie unveränderter Weise. Seit 1870/71 konnten mit dem Bau der neuen Weserbrücke nur noch Schiffe mit umlegbarem Mast den traditionellen Hafenplatz erreichen. 1886 stürzte an der oberen Schlachte ein Teil der Ufermauer ein und wurde nicht wiederhergestellt. Das endgültige Ende als Um-

schlagplatz und die Umnutzung als
Grünanlage erfolgte 1899.

Andere, kleinere Umschlagstellen
lagen auf dem Teerhof, in der unteren Neustadt und am Ufer des Boll-
werks im Stephaniviertel. Die Besit-
zer der Packhäuser an der Schlachte
und in anderen Teilen der Bremer Innenstadt sowie die zahlreichen am
Laden, Löschen, Vermessen, Bewegen und an anderen Tätigkeiten auf
den Kajen verdienenden Kleinunter-
nehmer wehrten sich gegen alle Modernisierungen oder andernorts zu
errichtende Konkurrenzanlagen größeren Formats. Ihr Wi-
derstand war erfolgreich.

Dies zeigte sich auch darin, daß der 1817/18 angelegte Oberländische Hafen (auch: Oberländer Hafen) nicht der Steigerung
der Bremer Umschlagkapazität dienen sollte, sondern lediglich
die Funktion eines Schutzhafens hatte. Das Becken war durch
Umnutzung des alten Neustädter Wallgrabens entstanden und
lag ungefähr dort, wo noch die ehemaligen Absinkbecken des
1870–1873 auf dem Stadtwerder zwischen Weser und Kleiner
Weser erbauten Wasserwerks zu sehen sind. Ebenfalls auf der linken Weserseite, an der nördlichen Mündung des alten Wallgrabens, wurde für dieselbe Aufgabe der Ende 1842 eröffnete
Sicherheitshafen angelegt. Im Gegensatz zum 1903 zugeschütteten Oberländischen Hafen sollten ihm jedoch neue und zu-
kunftsträchtige Aufgaben zukommen. In den Sommermonaten
diente er als Auswandererhafen. Allein im Jahr 1845 schifften
sich hier 31.000 Menschen nach Bremerhaven ein, um von dort
in See zu stechen, vorwiegend mit einem Ziel in der »Neuen

Die Technik des
Stückgutumschlags an
der Schlachte hat sich
über Jahrhunderte hin-
weg kaum verändert.
Darstellung nach einem
Steindruck von R. Hüser
um 1862.

Welt«. Diesem »Umschlag« von Menschen folgte später – den Nutzern und Nutznießern der Schlachtekajen zum Trotz – auch der von Waren. Er verstärkte sich noch einmal nach 1872, als der 700 Meter lange Woltmershauser Kanal fertiggestellt wurde. Mit ihm hatte der Sicherheitshafen eine neue Einfahrt erhalten, und die hier festmachenden Schiffe waren vor der Weserströmung wirksam geschützt.

1877 wurde die Bremer Lagerhausgesellschaft (BLG) mit Sitz im Sicherheitshafen gegründet. Sie übernahm aus den Händen der Stadt die Abwicklung des Hafenumschlags. Im Jahre 1900 erfolgte eine nochmalige Vertiefung des Beckens und die Errichtung verbesserter Löscheinrichtungen. Der ganze Hafenbereich samt Kanal hieß ab 1905 »Hohentorshafen«.

Eine geschlossene Front von Packhäusern prägte bis zu ihrer Zerstörung im Zweiten Weltkrieg das Gesicht des Stephaniviertels zur Weser. Foto von 1935.

Bereits 1880/81 war auf dem rechten Ufer etwa fünf Kilometer unterhalb der Stadt ein neuer »Winterhafen« angelegt worden.

1847 begann in Bremen das Eisenbahnzeitalter. Gemeinsam mit dem Königreich Hannover betrieb die Stadt eine Strecke nach Wunstorf, die seit 1862 auch Geestemünde mit Bremen verband. Um die direkten Anschlußmöglichkeiten des Hafens an das erfolgreich etablierte und an Bedeutung rasant zunehmende Verkehrsmittel zu wahren, hatte die Stadt schon 1851 ein Gelände am rechten Weserufer unweit des alten Wallgrabens am Stephanibollwerk erworben. Hier entstand 1857–1860 der Weserbahnhof. Über die Verbindungsstrecke der »Weserbahn« war er vom östlich vor der Stadt an der Bürgerweide gelegenen Bremer Hauptbahnhof zu bedienen. Senator Arnold Duckwitz (1802–1881) war zuvor der alten Sorge der Kaufmannschaft, daß ihre Packhäuser nun durch den direkten Umschlag zwischen Schiff und Schiene an Wert verlieren würden, mit dem Argument entgegengetreten, daß durch die erweiterte Bahnanbindung schließlich im ganzen sehr viel mehr Güter nach Bremen kämen. Die Inbetriebnahme des Weserbahnhofs 1860 war der Beginn der Geschichte der bremischen Hafenanlagen als »Eisenbahnhafen«.

Lange vor dem Bau des Weserbahnhofs war schon vor Mitte des 19. Jahrhunderts mit einer Vergrößerung der Umschlagmengen gerechnet worden. Diese optimistische Annahme speiste sich aus der Hoffnung, daß die geplante Vertiefung der Weser mehr Schiffen und vor allem den Überseedampfern die Fahrt auf der Weser ermöglichen würde.

Der Sicherheitshafen um 1877. Der Schuppen ist ausgerüstet mit zwei Wandkranen, auf der Kaje steht ein Handdrehkran.

Blick in den 1881
angelegten Winterhafen
Richtung Weser zur
Zeit des Freihafenbaus
1886. Der Hafen
diente als geschützter
Winterliegeplatz für
Segelschiffe. Ende der
1890er Jahre wurde
er mit dem beim Bau
des Hafens II und der
Erweiterung des Holz-
und Fabrikenhafens aus-
gebaggerten Erdreich
verfüllt.

Bild unten: Die unter-
halb der Kaiserbrücke
gelegenen Poppeschen
Packhäuser von 1880.
Im Vordergrund liegt
der Flußdampfschlepper
»Präsident Petersen«.

Der mißliche Umstand, daß die großen Seeschiffe wegen zu geringer Fahrwassertiefe der Weser nicht bis zur Stadt gelangen konnten, begleitete Bremen bereits durch viele Jahrhunderte. Dies war auch der Grund, aus dem heraus die Bremer in den Jahren 1619–1623 den Vegesacker Hafen (als eines der ersten künstlichen Hafenbecken Europas) angelegt hatten. Aber auch diese Maßnahme löste die Probleme nicht, denn die Versandung schritt fort und verwehrte schließlich auch größeren Schiffen die Fahrt bis Vegesack. Bremens Status als Seehafenstadt war stark in Gefahr, was nicht nur aus wirtschaftlichen, sondern auch aus politischen Gründen negative Folgen mit sich brachte. Dies galt besonders in bezug auf die Verhandlungen mit dem Land Oldenburg als linkem Weseranrainer über Zoll- und Schiffahrtsrechte auf dem Fluß. Deshalb wurde im Jahre 1827 auf Initiative des Bürgermeisters Johann Smidt (1773–1857) an der rechten Wesermündung die Stadt Bremerhaven gegründet. 1830 erfolgte die Einweihung des ersten abgeschleusten Beckens.

Doch das Weserfahrwasser blieb so flach, wie es war. Sowohl wiederholte Ausbaggerungen als auch der Bau von Buhnen erwiesen sich als mangelhaft und brachten nicht den gewünschten Erfolg. Ebensowenig hatten die beiden erfolgreichen Hafengründungen außerhalb der Stadt etwas an Bremens Generalproblem än-

dern können: Alle Waren, die auf Seeschiffen mit Kurs nach Bremen gehen sollten, mußten weit vor der Stadt auf Leichter umgeladen und von diesen flußaufwärts geschifft werden, und zwar zumeist im Treidel- oder Schleppverkehr. Die fortdauernde Versandung der Unterweser hatte schließlich zu einer Fahrwassertiefe von nur noch etwa zwei Metern geführt und die Schiffahrt nahezu zum Stillstand gebracht. Eine andauernde Abwendung dieser schlechten Verhältnisse trat erst durch die große, 1895 abgeschlossene Weserkorrektion ein.

Der Weserbahnhof sollte den Anschluß der bremischen Hafenwirtschaft an die Eisenbahn sichern. Zugleich beherbergte er eine »Niederlage« des Deutschen Zollvereins. Durch fünf aneinandergrenzende Schuppen konnten Waren von der Weser in die Waggons umgeschlagen werden. Die im Zweiten Weltkrieg zerstörte Anlage hatte die BLG 1929 von der Stadt übernommen.

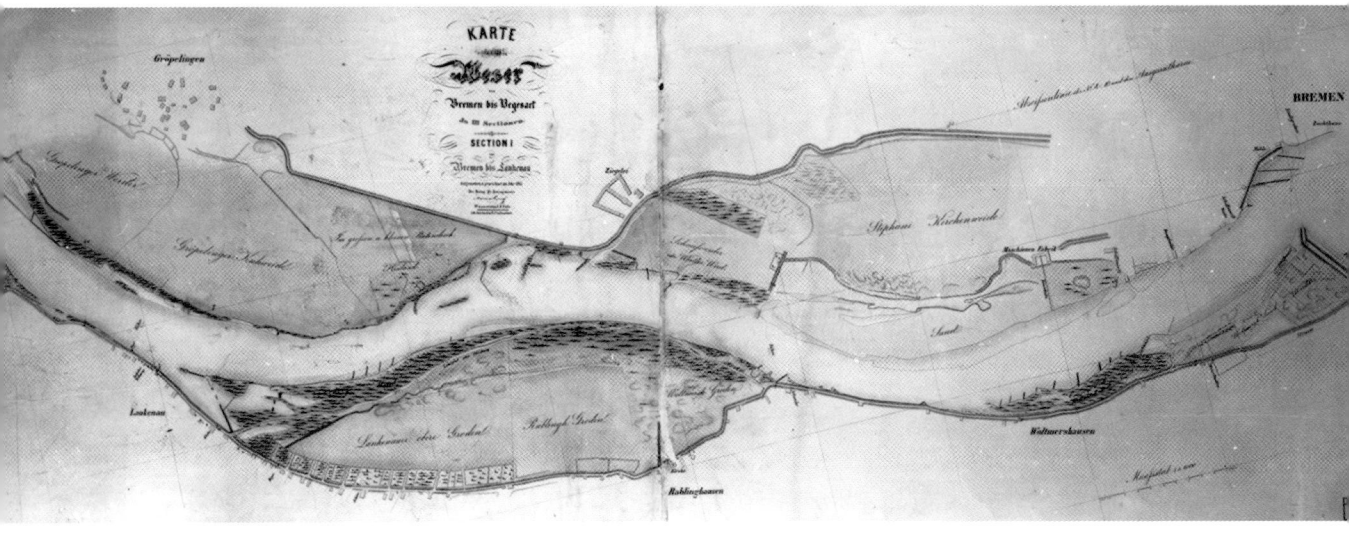

Der Lauf der Weser von Bremen an flußabwärts bis Lankenau. Die Karte zeigt den Zustand um 1845, als am linken und rechten Weserufer noch Landwirtschaft vorherrschte. Im Beckenbereich des späteren Überseehafens ist eine Ziegelei zu erkennen.

Die allgemeine Einsicht in die Notwendigkeit dieses Mammutprojekts war jedoch erst durch eine politische Entwicklung zustande gekommen, nämlich durch Bremens Anschluß an das Zollgebiet des Deutschen Reichs im Jahre 1885/88.

Zollanschluß

Bei Gründung des Deutschen Reiches 1871 waren das bremische und das hamburgische Stadtgebiet nicht Teil des einheitlichen Zollgebietes geworden. Das heißt, die beiden Hansestädte gehörten zollrechtlich gesehen nicht zum Deutschen Reich und mußten von diesem als Zollausland behandelt werden. Diese Situation führte dazu, daß die Ansiedlung von Industrien nur zögerlich voranging, denn wer in Bremen produzierte, mußte seine fertigen Produkte bei Überschreiten der Landesgrenze verzollen. Andersherum brachte dies für aufstrebende Nachbarorte, wie z.B. Hemelingen, einen bedeutenden Aufschwung mit sich. Dennoch wehrten sich die al-

Hafenarbeiter auf dem Weg in den Feierabend am Zolltor VII, beim heutigen Dienstgebäude des Hafenamts in den 30er Jahren.

ten Hanseschwestern gemäß ihrem Selbstverständnis als internationale Handelsplätze mit traditionellen Umschlag- und Transitfreiheiten nachdrücklich gegen die Bestrebungen von Reichskanzler Bismarck, sie in das deutsche Zollgebiet einzuverleiben.

Zwei Dinge lagen jedoch auf der Hand: Erstens würden sie sich nicht auf Dauer gegen die Interessen des Reiches, zu dessen Ländern sie schließlich unleugbar gehörten, behaupten können, und zweitens sähe sich im Falle des Nachgebens der einen Stadt die andere in einer schlechten Verhandlungsposition, wenn es um die Gewährung etwaiger reichsseitiger Vergünstigungen zur Kompensation der wirtschaftlichen Nachteile des Zollbeitritts gehen würde. Bremen stellte sich in den Verhandlungen sehr ungeschickt an, überschätzte sein politisches Gewicht und glaubte, ohne ein Entgegenkommen seinerseits, abwarten und die Vertreter des Reiches mit konkreten Stellungnahmen warten lassen zu können. Die Stadt zögerte auch dann noch, als sich Hamburg längst für den Zollanschluß entschieden hatte. Dadurch und infolge der ihrem unangemessenen Auftreten zuzuschreibenden Mißstimmung auf Berliner Seite mußte sie 1885 schwere Nachteile hinnehmen. In diesem Jahr hatte Bremen - vier Jahre nach der Konkurrenz an der Elbe - seine Verhandlungen über den 1888 zu vollziehenden Beitritt und die damit verbundenen Bedingungen abgeschlossen. Während der überwiegende Teil der hamburgischen Hafenanlagen zu einem großen »Freihafen« wurde, erhielt Bremen lediglich das Recht, in seinem deutlich kleiner bemessenen »Freibezirk« einen Hafen zu betreiben. Der entscheidende Unterschied war dabei, daß im Hamburger Freihafen industrielle Produktion erfolgen konnte, während die Ansiedlung von Fabriken in Bremens sehr viel kleinerem zollfreien Bereich nicht gestattet war.

Weserkorrektion

Stimmen und Meinungen, die nur von einer einzelnen Person und über längere Zeit hinweg gegen die ablehnende Mehrheit geäußert werden, haben in der Geschichte der alten Stadtrepublik Bremen wohl eher selten größere Wirkung zeigen können. Dennoch hat die Stadt ihren Anschluß an die Entwicklung der großen Nordseehäfen Ende des 19. Jahrhunderts fast ausschließlich einer einzigen Persönlichkeit zu danken, nämlich ihrem Oberbaudirektor Ludwig Franzius (1832–1903). Die Kombination seines herausragenden wasserbautechnischen Wissens mit der Bereitschaft, zur Durchsetzung seiner Ideen ausdauernde und hartnäckige Überzeugungsarbeit zu leisten, ermöglichte die Inangriffnahme der Beseitigung der schlechten Schiffahrtsverhältnisse auf der Weser. Nach seinem über Jahre sich hinziehenden Argumentieren erkannten Senat und Bürgerschaft jedoch erst unter dem Druck der Zollanschlußverhandlungen die Notwendigkeit, eine großangelegte Flußkorrektion zu billigen und damit einen ungeheuren finanziellen Kraftakt zu wagen. Ziel war es, die Weser wieder bis über die stadtbremische Grenze für Seeschiffe befahrbar zu machen und für Bremen auf diese Weise den drohenden

Der Durchstich der »Langen Bucht« auf der Höhe der heutigen Industriehäfen und das noch kleine Hafenrevier auf der rechten Weserseite im Zustand zur Zeit der Einweihung des Freihafens 1888.

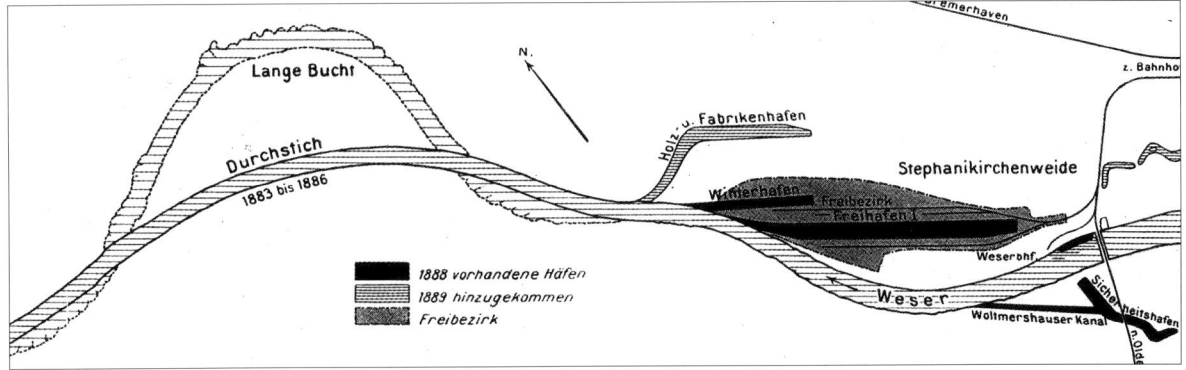

Verlust des Status einer Hafenstadt abzuwenden. Franzius konnte somit die längst fertiggestellten Zeichnungen wieder ausrollen und mit der Umsetzung seines planerischen Lebenswerks beginnen. Er hatte bald nach seiner 1875 erfolgten Berufung von Berlin nach Bremen erkannt, daß das Problem der Versandung nur durch den Fluß selbst bereinigt werden konnte. Das heißt, nicht unausgesetztes Baggern, sondern eine höhere Strömungsgeschwindigkeit sollte für ein tieferes Weserfahrwasser sorgen. Schnellere Strömung würde die Ablagerung von Sand verhindern und den Fluß darüber hinaus in die Lage

Bau des Freihafens (heute Europahafen) um 1886. Für das Foto wurden die Arbeiter aufgefordert, das Mauern der Fundamente des Hafenkopfs zu unterbrechen und sich in Positur zu stellen.

versetzen, durch eigene Kraft die Ausräumung seines Bettes in die Nordsee hinein zu erledigen. Die Kosten für den Bau der Anlage wurden auf die aus zeitgenössischer Sicht als außerordentlich hoch zu bewertende Summe von 30 Millionen Mark berechnet. Sie entspricht vermutlich mehr als dem Sechsfachen der heutigen Kaufkraft dieses Betrags in Euro.

In Berlin war man zwar überzeugt von dem hohen Nutzwert der Strombaumaßnahmen, fand sich aber zur Bewilligung von Zuschüssen nicht bereit. Die preußischen und oldenburgischen Weseranrainer hatten naturgemäß geringes Interesse an einem erstarkenden Bremen, und so war die Stadt ganz auf sich allein gestellt. Einzig ein Reichsgesetz von 1886, demgemäß Bremen eine gesetzlich festgelegte Sonderabgabe von allen größeren Schiffen, die die Stadt anlaufen würden, erheben durfte, versprach zumindest für die Zukunft die Aussicht auf finanzielle Unterstützung.

Bevor 1887 die über acht Jahre andauernden Arbeiten an der Weserkorrektion begannen, war schon 1886 eine zentrale Maßnahme in Franzius' Planungen nach zweijähriger Bauzeit abgeschlossen worden: der Durchstich der »Langen Bucht«, wie der große bogenförmige Abschnitt der Weser zwischen Lankenau und Hasenbüren genannt wurde. Quer durch die Gröpelinger Feldmark war ein neues Flußbett gegraben worden, das die Weser um einen Kilometer verkürzte und bereits zur Erhöhung der Fließgeschwindigkeit führte. Zuvor

So hat Ludwig Franzius den Bremer Marktplatz erlebt. Wo sich heute das Haus der Bürgerschaft befindet, stand bis zum Krieg die 1864 eingeweihte neugotische Börse.

Unter der Decke der
Oberen Rathaushalle
hängen noch heute die
»Orlog-Schiffe«, Model-
le von Kriegsschiffen,
als Symbole der einsti-
gen Seemacht Bremen.
Mit solchen Schiffen ver-
teidigten die Bremer
Kaufleute ihre
Schiffahrtsrouten.

Mitte des 19. Jahrhun-
derts wurden während
des Schaffermahls, dem
Brudermahl der Kapitä-
ne und Seeleute, tradi-
tionell die Modell-
kanonen eines der Schif-
fe abgefeuert, doch
eine reale Seemacht
war Bremen schon lan-
ge nicht mehr.

war der Fluß so verlaufen, daß er – in
einer Projektion auf die heutige Häfen-
situation – zuerst den Werfthafen und
dann mit seiner langgestrecken Krümmung alle fünf Becken des Industriehafens berühren würde. Der Beseitigung der Langen Bucht folgten dann
die grundlegenden, meist gleichförmi-
gen Eingriffe der Korrektionsarbeiten
entlang der gesamten Weser von Bremen bis in die Nordsee hinein. Der
Fluß erhielt durch die Anlage von Leit-
dämmen, die Beseitigung von Stromspaltungen und durch
gezielte Baggerarbeiten ein gleichmäßiges, trichterförmiges Bett,
das nun für eine schnellere Strömung sorgen sollte. Einmün-
dungen von Nebenarmen wurden entweder geschlossen oder
durch Umbauten so gestaltet, daß ihr einströmendes Wasser
den Durchfluß der Weser möglichst wenig beeinträchtigen
konnte.

Wer sollte es mehr als Franzius genossen haben, als am 21.
September 1892 die »Hannover«, mit 2572 BRT ein großer
Überseedampfer des Norddeutschen Lloyds, die Weser aus
eigener Kraft in einer Tide hinauffahren konnte. Und von
1895 an war es möglich, daß Schiffe mit einem Tiefgang von
bis zu fünf Metern problemlos stadtbremisches Gebiet erreichen konnten.

Bremen ist Seehafenstadt!

Schon vor Beginn der Hauptphase der Weserkorrektionsarbeiten 1886 war – im vollen Vertrauen auf den letztlich von niemandem wirklich zu garantierenden Erfolg des Unternehmens – mit dem Bau eines großen Hafenbeckens auf der rechten Flußseite begonnen worden, dem »Freihafen«, heute »Europahafen«. Von der offen zur Weser liegenden Einfahrt erstreckte sich das Becken bis zum Hafenkopf auf einer Länge von zwei Kilometern und einer Breite von 120 Metern. Auch bei Niedrigwasser sollten Schiffe mit fünf Meter Tiefgang noch über einen halben Meter Sicherheitsabstand zur Hafensohle verfügen. Die Kaimauern waren so ausgelegt worden, daß sie eine spätere Beckenvertiefung nicht behindern konnten.

Blick in das 1888 eingeweihte Freihafenbecken. Im Vordergrund liegt der schwimmende Anleger, von dem aus bis zum Ersten Weltkrieg noch regelmäßig Passagierverkehr stattfand. Einige Schuppen und Speicher sind noch im Bau, und wegen der ebenfalls noch nicht abgeschlossenen Weserkorrektion können nur Schiffe mit geringem Tiefgang an den Kajen liegen.

Die richtungsweisende Besonderheit des Bremer Freihafens lag in der weitgehenden Einbindung der Eisenbahn in den Umschlagbetrieb. Im Gegensatz zum 1866 fertiggestellten Hamburger Sandtorhafen, dessen Hafenschuppen bereits Gleisanschluß besaßen, war man in Bremen einen Schritt weiter gegangen. Während in Hamburg die gesamten Schiffsladungen erst durch den Schuppen liefen, lagen in Bremen die Gleise auch auf der Kaje. Es war also möglich, Waren direkt vom Schiff auf die Eisenbahn zu löschen oder – in umgekehrter Richtung – zu laden. Das später voll ausgebaute »Bremer System« gliederte sich wie folgt: Schiff, Kaje, Gleise,

Blick in den Holz- und Fabrikenhafen um 1930. Am Fabrikenufer ragen die beiden Speicher der Hansa- und der Rolandmühle weithin sichtbar auf. Der renommierte Architekt Carl-Heinrich Behrens-Nicolai hatte den an einen expressionistischen Wolkenkratzer erinnernden Turm der Rolandmühle 1925 errichtet. Nach dem Krieg erhielt dieses Wahrzeichen des Holz- und Fabrikenhafens einen neuen Helm.

Schuppen, Gleise (und Fahrstraße), Speicher, Gleise (und Fahrstraße).

Am 21. Oktober 1888 wurde der Hafen dem Verkehr übergeben, genau sechs Tage nachdem Bremen samt dem Bremerhavener Gebiet als letztes deutsches Land Teil des deutschen Zollgebietes geworden war.

In den Beitrittsverhandlungen zum Zollgebiet war einmal, sehr zum Schrecken der Bremer, die preußische Mutmaßung laut geworden, ob Bremen denn überhaupt ein Seehafen sei? Wo sind die Schiffe, wo ist der Hafen? Mit der Korrektion hatte der kleine Staat den ersten, mit dem Bau des neuen »Freihafens« den zweiten Teil dieser spitzen, aber damals doch eigentlich nicht unbegründeten Berliner Argumentation widerlegt.

Holz- und Fabrikenhafen

Schon 1888 hatte die Handelskammer Bremen für den Holzhandel neue Umschlag- und Lagerflächen gefordert. Der bisherige Standort am Woltmershauser Kanal konnte den im Zuge der wachsenden Nachfrage an europäischen und überseeischen Hölzern schnell ansteigenden Liefermengen nicht gerecht werden. Deshalb kam aus dem Schütting von der Kammer der Vorschlag der Anlage eines Hafenbeckens im Waller Wied. Im darauffolgenden Jahr wurde begonnen, auf diesem stadteigenen Gelände südwestlich vor der Waller Vorstadt den Holz- und Fabrikenhafen zu graben. Das südliche Ufer des »Kanals«, wie der Hafen in der Entstehungsphase genannt wurde, grenzte an den Freibezirk. Auf dieser Seite lagen die nachgefragten Flächen für den Holzhandel, während die Grundstücke am nördlichen Beckenufer für Industrieansiedlungen vorgesehen waren. Auf den Bau von Kaimau-

Schiffe an der Kühlhaus-
kaje bei Schuppen 19.
Das Kühlhaus, rechts im
Bild, wurde 1947 bis
1949 errichtet. Seine

Fassadengliederung
zeigt den Stil des »Neu-
en Bauens« der 1920er
Jahre.

ern wurde vorerst zugunsten einfacher Böschungen verzichtet, denn künftige Anlieger sollten die Möglichkeit haben,
ihren Wasserzugang bedürfnisgerecht und in Eigenregie zu
gestalten. Zur Freude der Verwaltung waren die Flächen am
Nordufer bald nach Fertigstellung des »Kanals« 1891/92 ver-
geben. Vor allem Mühlenbetriebe errichteten hier ihre Anlagen, und die Hansamühle baute am Ende der Emder Straße
am Fabrikenufer den Hansa-Kai. 1899 erfolgte auch die Erhöhung des Nordufers und der Bau der Cuxhavener Straße.
Vom Hafenkopf bis zur Rolandmühle wurden 1902 Uferbau-

maßnahmen durchgeführt, und 1906 waren die Löschbrücken an der Südseite erhöht worden. Ursprünglich war der Holz- und Fabrikenhafen ca. einen Kilometer lang und durch einen Kanal mit der Weser verbunden. Im Zuge der Bauarbeiten für Hafen II war er 1903 um 530 Meter verlängert worden und nun durch das neue Wendebecken zu befahren. Das gesamte Straßen- und Schienennetz des Holz- und Fabrikenhafens wurde mit dem des entstehenden Hafens II verzahnt.

Blick von Westen nach Osten über den Überseehafen und seinen Nachbarn, den Holz- und Fabrikenhafen. Luftbild Ende der 1970er Jahre.

Folgende Seite:
Blick vom Hafenkopf in den vollbelegten Überseehafen Ende der 1970er Jahre. Vorne Verkehr mit Lash-Barges, im Hintergrund die beiden großen Bockkrane (500 und 780 Tonnen), die weithin sichtbaren Wahrzeichen der 1984 in Konkurs gegangenen A.G. »Weser«.

2
Vom zweiten »Freihafenbassin« zum »Hafen II« und zum »Überseehafen«

Am Speicher XIII wird Baumwolle eingelagert. Foto aus den 1920er Jahren.

Ein »Generalplan« weist die Richtung

In der zweiten Hälfte des 19. Jahrhunderts begann der Aufstieg Bremens als Umschlagplatz für Baumwolle. Von 12.900 Ballen im Jahre 1850 hatte sich die Einfuhrzahl genau 25 Jahre später auf 206.300 gesteigert und betrug 1897 bereits 1.400.000 Ballen. Vor allem dieser wachsende Umschlagbereich war es, der in den 1890er Jahren die Planungen zur Erweiterung der Kapazität des Freihafens durch ein zweites Becken vorantrieb, denn die steigenden Ballenzahlen hatten den alten Freihafen längst an und über seine Auslastungsgrenzen hinaus geführt. Schon bei seinem Bau waren die Bedürfnisse des Baumwollumschlags berücksichtigt worden, die in noch stärkerem Maße die Konzeption der Kajeschuppen im Hafen II beeinflußten.

Der Schiffsverkehr hatte sich infolge der Weserkorrektion und des Freihafenbaus mit jährlichen Steigerungsraten von rund zehn Prozent äußerst günstig entwickelt. Nach ersten Vorüberlegungen der Deputation für Häfen und Eisenbahnen, wie eine Erweiterung des Hafengebietes aussehen könnte, nahmen die Planungen seit 1895 langsam konkrete Gestalt an. Es sollte jedoch noch bis 1897 dauern, bis ein unter der Leitung von Ludwig Franzius erstellter »Generalplan« fertig auf dem Tisch lag. Auch wenn dieser letztlich nicht die Grundlage dessen wurde, was in den folgenden Jahren und Jahrzehnten entstand, so war hier dennoch die Richtung klar vorgegeben, in die sich die stadtbremischen Häfen auf der rechten Weserseite entwickeln würden. Dem Plan gemäß sollte mit der Vergrößerung des Freibezirks der Bau des Hafens II einhergehen. Vorgesehen war ein fast zwei Kilometer langes Becken, parallel zum bisherigen Freihafen gelegen. Die Einfahrt zu dem neuen Hafen sollte rund anderthalb Kilometer stromabwärts von der Weser abzweigen. Hier war in einem dritten Becken mit großer Breite nach Hamburger und Rotterdamer Vorbild der kostengünstige, weil keine Kaianlagen erfordernde Umschlag von Bord zu Bord geplant.

Schon 1897 war die grundsätzliche Entscheidung für die Lage des neuen Hafens gefallen, und die ersten Baumaßnahmen konnten beginnen. Gearbeitet wurde nach einer Weiterentwicklung des Generalplans, die unter der Regie des Baurats und späteren Oberbaudirektors Eduard Suling (1856–1922) entstanden war.

Darstellung von Eduard Sulings Entwurf für die Hafenerweiterungen im Zuge des Baus des Hafens II von 1899.

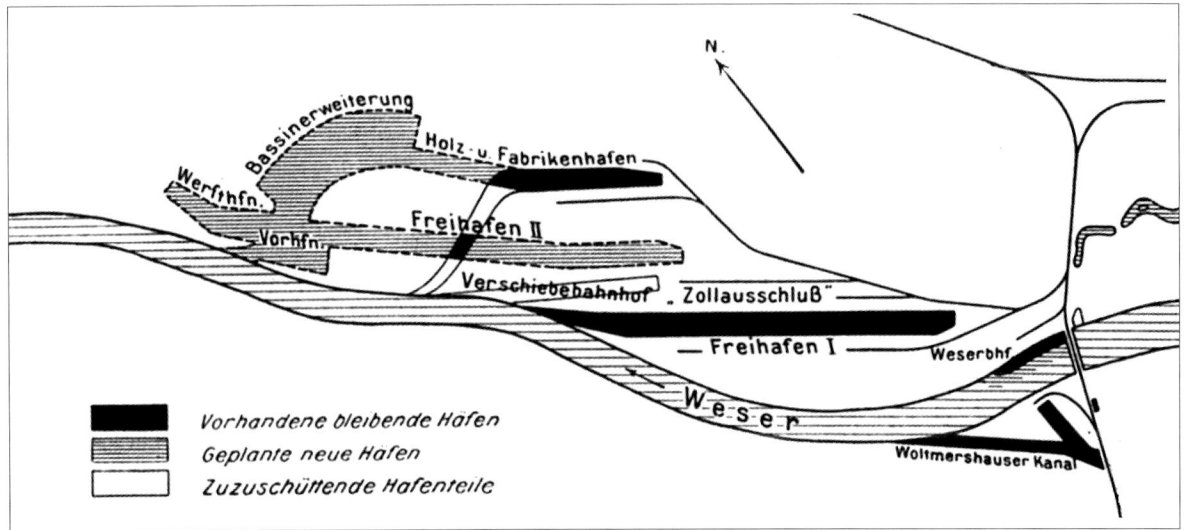

Erster Ausbau und
Inbetriebnahme (1897–1906)

1897/98 begannen am »Bassin II«, wie der Hafen II in den Sulingschen Planungen hieß, die ersten Erdarbeiten. In den darauffolgenden Jahren und verstärkt seit 1901 verwandelte sich das Gelände zwischen dem Winterhafen, nördlich des Hafens I, und dem 1891/92 eröffneten Holz- und Fabrikenhafen in eine riesige Baustelle. Im Trockenaushub wurde begonnen, das 100 Meter breite Becken anzulegen und es zunächst auf 620 Meter Länge vom neuen Hafenkopf an mit Kais, in Bremen traditionell mit dem niederdeutschen Wort »Kajen« bezeichnet, einzufassen. Mit dem Baggergut wurden der Winterhafen und die Zufahrt des Holz- und Fabrikenhafens zugeschüttet. Der verschwundene Winterhafen ließ das erforderliche Gelände für die Rangiergleise des »Verschiebebahnhofs Zollausschluß« zurück, der also auf der Landzunge zwischen Hafen II und der Weser entstehen sollte.

Aus Gründen der Kosten- und Platzersparnis war der Hafen II nicht so breit konzipiert worden wie der ältere Freihafen. Es wurde darauf verzichtet, daß wie dort, die Schiffe an jeder Stelle wenden konnten, zumal schon damals das weitere Anwachsen der Dampfergrößen zu erwarten war. Statt dessen sollte ein Vorhafen als Wendebecken entstehen. Da die Seeschiffe zum Manövrieren im Hafen ohnehin die Assistenz von Schleppern benötigten, wurde auch ihre durch die engere Verkehrsfläche erzwungene Rückwärtseinfahrt in den Hafen II ohne längere Bedenken in Kauf genommen. Das 1899 noch weiterhin geplante breite Becken für Bord-zu-Bord-Umschlag (im Sulingschen Entwurf »Bassinerweiterung« genannt) schien wegen der noch im selben Jahr im preußischen Landtag gescheiterten Vorlage zur Anlage des Mittellandka-

nals nicht mehr benötigt zu werden. Auch erneute Verhandlungen einer Kommission über eine geänderte Fassung kamen 1901 zu keinem Ergebnis. Das dennoch nördlich vor der
Einfahrt zu Hafen II ausgebaggerte Becken erhielt die Bezeichnung Hafen III und wurde der spätere »Getreidehafen« mit
den beiden Piers (»A« und »B«) und der 1913–1917 errichteten Getreideverkehrsanlage. Zuvor war der Getreideumschlag
im Hafen I in den Kaischuppen 8 und 10 sowie dem hinter
10 liegenden Schuppen E angesiedelt gewesen. Das Becken
von Hafen III stellte zugleich die neue Zufahrt des verlängerten Holz- und Fabrikenhafens dar. Seine vorherige war (un-

Hafen II wird ausgeho-
ben. Eine große Dampf-
maschine auf dem
Schwemmbagger er-
zeugt den nötigen Druck
für den Spülvorgang.
Sand in großer Menge
wird am wirtschaftlich-
sten bewegt, wenn er in
Wasser gelöst ist.
Längsseits liegt ein
Transportschiff.
Foto um 1901/02.

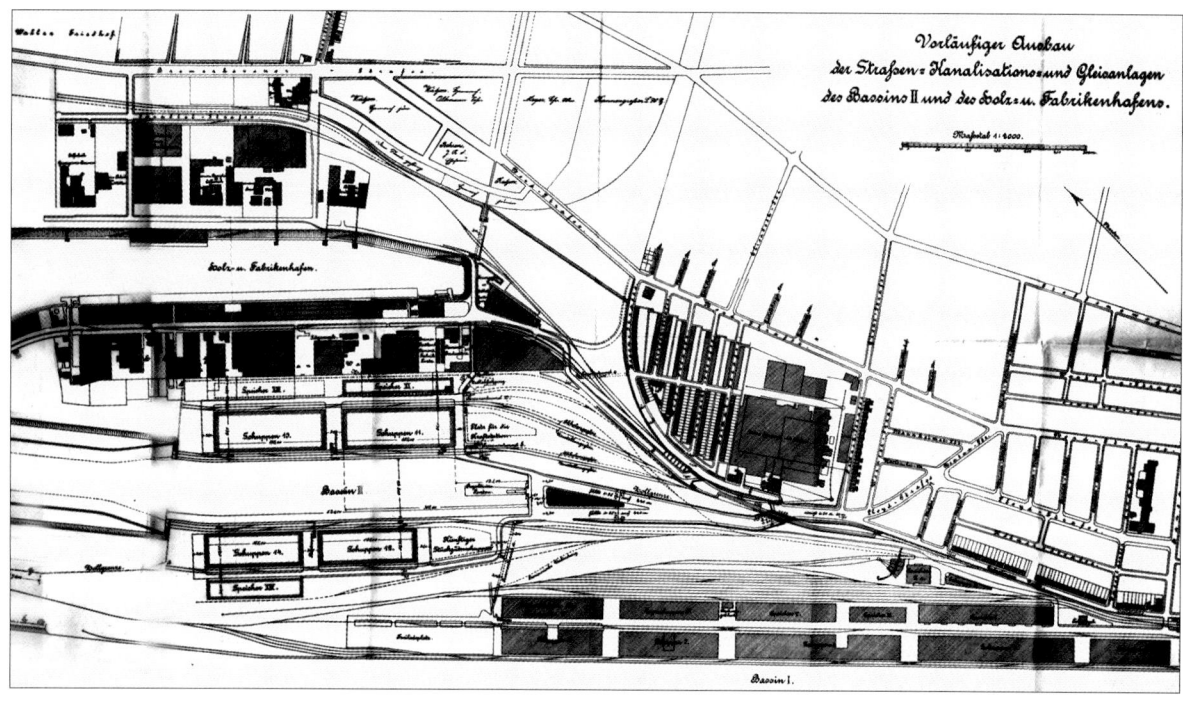

Sulingsche Planung für den ersten Ausbau des Hafens II aus dem Jahre 1900. Das »Bassin« ist nur auf einer Länge von 620 Metern mit Kajen erschlossen, dann be-ginnt ein abgeböschter Zufahrtskanal. Rechts sind das Heimatviertel und das große Gelände der Jutespinnerei zu erkennen.

gefähr auf Höhe des späteren Schuppens 15) schräg Richtung Weser abgeknickt und mündete etwa einen halben Kilometer westlich der Einfahrt zum Hafen I in den Fluß. Neben den Häfen II, III und dem Holz- und Fabrikenhafen erschloß der neue Vorhafen mit dem Werfthafen noch ein viertes Becken. Hier lagen das Werftgelände und die Hellinge der 1872 auf der Stephanikirchweide neugegründeten Aktiengesellschaft »Weser«, die im Zuge des Hafenausbaus ihren gesamten Betrieb 1905 nach Gröpelingen verlegte. Das alte Gelände war nicht länger geeignet, die vermehrten Bestellungen der Kriegsmarine zu bewältigen und die immer größer werdenden Schiffe dort zu bauen und auszurüsten.

Bis 1901 wurden für den Bau des Hafens II vier Millionen Kubikmeter Erdreich ausgebaggert. Es diente größtenteils zur Aufhöhung der Oslebshauser Feldmark gegenüber Hasenbüren. Termin für die Eröffnung des Hafens II sollte der 1. Oktober 1903 sein. Doch wegen der 1901 gescheiterten Ausschreibung der Auftragsvergabe zur Erstellung der Kajen und Molen erfolgte die Verschiebung auf den Herbst 1904. Auch gestaltete sich die Mittelbewilligung sehr viel komplizierter als bei den vorangegangenen Bremer Großprojekten. Sie geschah nicht mehr im voraus und auf einen Schlag, sondern stückweise und nach Genehmigung von Abschnittsplänen. Aber allein die Tatsache, daß 1902 die Enteignungen der für die Fertigstellung des Hafens und seiner Zufahrtsstraßen notwendigen Grundstücke noch gar nicht abgeschlossen waren und sogar noch über Einwände verhandelt wurde, spiegelten einen wenig erfolgreichen Fortgang des »Bassins II« wider.

Im Jahr darauf war klar, daß es auch mit Oktober 1904 nichts werden konnte. Suling mußte berichten, daß die Arbeiten an den Kajen und Molen wegen ungünstiger Niedrigwasserstände nicht planmäßig vorangehen konnten. Letztere lagen auch bei Ebbe längere Zeit höher als einen Meter über »Bremer Null« (entspricht 2,284 Meter über NN). Daher konnte der Kajenbau lediglich an der Südseite und am Hafenkopf zufriedenstellend vorangetrieben werden. Jedoch war ohne die fertig ausgeführten und hinterfüllten Kajen auch die Herstellung der Gleisanlagen und der Schuppen nicht realisierbar. 1905 sollte nun eröffnet werden, was sich aber wiederum als nicht möglich herausstellte. Viele Detailprobleme, darunter auch ein Streik der Bauarbeiter und Hindernisse beim Bau der vier Schuppen (11–14), brachten erneute Verzögerungen mit sich. Der Deputation für Häfen und Eisenbahnen blieb daher nichts anderes übrig, als am 11. Mai 1905 noch einmal eine einjährige Verschiebung der Eröffnung bei Senat und Bürgerschaft zu beantragen.

Die Kosten der Anlage des zweiten Hafens beliefen sich allein bis zur Fertigstellung dieser ersten Baustufe auf 16

Blick in den Hafen II während der Verfüllung des Hafenkopfes im September 1903. Damit der Sand gleichmäßig eingespült wird, hängt vor dem Spülrohr eine den Wasserstrahl zerteilende Metallklappe. Rechts ist schon der charakteristische Knick der Barkhausenkaje vor Schuppen 11 zu sehen.

Millionen Mark. In derselben Zeit wurden für den weiteren Ausbau des Hafens I drei Millionen Mark bereitgestellt.

Der Aufschub der offiziellen Eröffnung des Hafens II auf den Herbst 1906 war die endgültig letzte Terminänderung, und am 1. Oktober konnte die Inbetriebnahme endlich vollzogen werden. Anders als bei der Einweihung des Hafens I im Jahre 1888, als sich noch diverse Schuppen und Speicher im Bau befunden hatten, dienten im Hafen II die schon vor der Eröffnung fertiggestellten Schuppenteile als Lagerflächen, und seit 1903 hatten schon Schiffe in den Hafen einlaufen können. Insofern gestaltete sich die Eröffnung im Jahre 1906 als ein wenig spektakuläres Ereignis und vollzog sich ohne großes Presseecho. Beherrschendes Thema auch der Bremer Tageszeitungen war seinerzeit die Lage im vorrevolutionären Rußland.

Wegen des starken Anwachsens der Hafenwirtschaft hatte im ersten Jahr nach Betriebsaufnahme des zweiten Freihafenbeckens der Bau der »Industrie- und Handelshäfen«, des heutigen Industriehafens, unterhalb der Oslebshauser Vorstadt begonnen. Bis 1910 entstand hier im Zollinland eine abgeschleuste Hafenanlage mit einem langen und drei davon abzweigenden Becken, zu denen 1913 ein weiteres und in den 1920er Jahren noch zwei hinzukamen. Die Häfen dienten weniger dem Umschlag als der Anlandung von Massengütern (Kohle, Kali, Öl) für die dortigen Produktionsfirmen. Am Kopf des Stichhafens (»Hafen A«) richtete die A.G. »Weser« im Ersten Weltkrieg Hellinge zum Bau von U-Booten ein.

Blick vom Dach des Verwaltungsgebäudes in den Hafen II im September 1908. Seit zwei Jahren läuft über die Kajen des ersten Ausbaus reger Umschlag. Wegen ihrer Schnelligkeit und den nicht anfallenden Kosten für Kohlen lohnte im Überseeverkehr bis zur Verbesserung der Dampfschifftechnik noch eine zeitlang der Einsatz von Frachtseglern.

Erweiterungen im Süden: die zweite Ausbaustufe (1911–1915)

Schon ein Jahr nach der Inbetriebnahme des Hafens II war offenkundig geworden, daß das Eisenbahnsystem den wachsenden Anforderungen nicht länger genügen konnte, obwohl die Zahl der Gleise auf den Kajen gegenüber dem Hafen I von vornherein auf drei statt zwei konzipiert worden war. Auch bezüglich der Schuppen und Speicher mußte bald das Erreichen der Leistungsgrenze festgestellt werden. Der Hafen

Im zweiten Ausbau des
Hafens II wurde die
Südkaje um 870 Meter
verlängert. Im Hinter-
grund der Bauarbeiten

sind das abgeböschte
Nordufer und das west-
liche Ende von Speicher
XIII zu sehen. Foto um
1912.

II hatte nach seinem ersten Ausbau bis 1906 nur etwa den
Umfang eines Drittels seines endgültigen Zustands erhalten
und verfügte erst über vier Schuppen; die zwei Speicher XI
und XIII waren 1911 und 1912 fertig geworden. Allerdings
hatte sich der Schiffsverkehr im Hafen II bis zum Ersten Weltkrieg verdreifacht. Die Schiffe drängelten sich daher im Bek-
ken, und die Verkehrssicherheit war gefährdet. Die beiden mit
Kaimauern versehenen Strecken, die »Barkhausenkaje« (benannt nach Bürgermeister Carl Georg Barkhausen, 1848–1917)
vor Schuppen 11 und 13 sowie die gegenüber vor 12 und 14
liegende »Marcuskaje« (benannt nach Bürgermeister Victor
Wilhelm Marcus, 1849–1911), begannen ja erst etwas über 600
Meter vor dem Hafenkopf. Um die Umschlaganlagen erreichen zu können, durchfuhren die einlaufenden Schiffe dem-

nach keinen Hafenbereich, sondern eine Art Kanal mit befestigten Uferböschungen. 1911 machte sich Bremen schließlich daran, die Erweiterungsflächen für seinen Hafen II zu nutzen. An der Südseite wurde bis 1913 die »Marcuskaje« um 870 Meter moderne Kajen verlängert. Bis 1915 wurden hier drei Kilometer, in drei Strängen verlaufende Gleise und 30 Weichen verbaut und die Schuppen 16 und 18 (je 230 Meter lang und 66 Meter breit) errichtet. Die Sohle des Hafenbeckens selbst konnte um drei Meter vertieft werden. Hafen II hatte damit seine Betriebsfläche fast verdoppelt und war zu zwei Dritteln ausgebaut. Weitere Baumaßnahmen – außer der im Zuge der weiteren Vertiefung der Unterweser auf sieben Meter bis 1917 fortgeführten Ausbaggerung der Häfen I, II und III – konnten wegen der Auswirkungen des Ersten Weltkriegs nicht in Angriff genommen werden.

Erweiterungen im Norden: die dritte Ausbaustufe (1922–1929)

Nach dem Ersten Weltkrieg wurde 1922 zunächst die Verlängerung des Schuppens 12 zum Hafenkopf hin beantragt und im folgenden Jahr ausgeführt. Somit war von einem hier ursprünglich anders geplanten Schuppenbau endgültig abgesehen worden. Ferner entstand durch die Überbauung des freien Platzes zwischen den Schuppen 14 und 16 ein 3200 Quadratmeter großes, vor Niederschlägen geschütztes Areal für den Eisenumschlag. Weiteren Zugewinn von wertvoller überdachter Fläche ermöglichte die Entscheidung gegen einen Speicherkomplex hinter den Schuppen 16 und 18. Weil auf den Bau der raumgreifenden Anlage auf dem ohnehin schmalen Streifen zwischen Speicher und Verschiebebahnhof verzichtet wurde, ließen sich nun die beiden Schuppen um je etwa 24 Meter vertiefen, ohne dabei andere Verkehrsfläche zu verlieren. Als bedeutendster Teil der Ausbauten wurde 1924–1926 die bisher noch abgeböscht verbliebene Reststrecke an der Nordseite des Hafens II mit Kajen versehen. Die fortgeführte Mauerkrone verlief 1,1 Meter niedriger als die ältere Nordkaje und etwa 30 Meter zurückversetzt, so daß das Erweiterungsstück des Hafens II bis zum Wendebecken des Vorhafens eine Breite von 130 Metern aufwies. Insgesamt entstanden 950 Meter Kajen, was nach der damaligen durchschnittlichen Schiffsgröße einen Zugewinn von sechs neuen »Dampferplätzen« mit sich brachte. Mit eingerechnet ist dabei, daß die Nordkaje gegenüber dem ursprünglichen Sulingschen Entwurf um 30 Meter kürzer wurde, um so ein leichteres Wenden der Schiffe im Vorhafen zu ermöglichen und auch den hier liegenden Binnenschiffen mehr Platz zu verschaffen. Seit den 1924/ 25 begonnenen Anpassungen an den Ausbau der Weser reichte der übliche Tiefgang der Schiffe bis zu acht Metern, aber die Kajen waren so konstruiert worden, daß sie eine weitere Vertiefung des Beckens auf neun Meter ermöglichten. Weitere Anpassungen sollten nur im erweiterten Teil des Überseehafens, also vor Schuppen 15 und 17 vorgenommen werden; vom Hafenkopf bis zum Ende des zweiten Ausbaus waren nur geringe Vertiefungen vorgesehen.

Während der Ausbauarbeiten fiel Ende 1925 auch die Entscheidung, durch Verkürzung der Nordmole die Einfahrt von der Weser in den Vorhafen zu verbreitern. Mit der zunehmenden Größe der Schiffe (über 10.000 BRT) war an dieser Stelle

Ein Eimerkettenbagger bei der Arbeit an der neuen Nordkaje. Das bisher abgeböschte Ufer wird bis zum unteren Hafenende mit Kajen eingefaßt. Im Hintergrund liegt Schuppen 13. Foto vom September 1924.

ein wachsendes Problem bei den Ein- und Ausfahrten entstanden. Die schmale Ausführung der Anfangszeit konnte nun aufgegeben werden, weil ihre ursprüngliche Aufgabe, der tidebedingten Sandeinfuhr aus der Weser vorzubeugen, nach der Inbetriebnahme des Weserwehrs bei Hastedt 1911 hinfällig geworden war. Nach größeren Sprengarbeiten an der Nordmole wurde der neue Molenkopf nun in einem Abstand von etwa 210 Metern von seinem südlichen Pendant errichtet. Damit war eine wie beim Hafen I zur Weserfahrrinne tangential liegende Hafeneinfahrt entstanden und das alte, nur 60 Meter breite Nadelöhr beseitigt worden.

Mit diesen Hafenbaumaßnahmen einher ging die Erweiterung des Werftgeländes der A.G. »Weser« und der Bau des Schwimmdocks V (17.500 Tonnen). Die Bauarbeiten hatten sich aufgrund ungewöhnlich lang anhaltender hoher Wasserstände im Winter und Frühjahr 1926 hinausgezögert. Erst im November des Jahres waren alle Bagger- und Bauarbeiten beendet, und die Hafeneinfahrt konnte für den Verkehr freigegeben werden. Die neue Sohlentiefe lag in diesem Bereich nun zwölf Meter unter Bremer Null. Mit Abschluß der Verbreiterung und Vertiefung war den Lotsen die Einfahrt in den Vorhafen sehr erleichtert worden. Vom »Mäuseturm« für das Leuchtfeuer, offiziell »Molenhaus Hafen II« genannt, wurde den einlaufenden Schiffen der Liegeplatz angegeben, und gemäß § 9 der Hafenordnung vom 13. Januar 1912 waren die Schiffsführer verpflichtet, »einkommend beim Passieren der Einfahrt dem Molenwärter den Schiffsnamen und letzten Abgangsort laut und deutlich zuzurufen«.

Hier entsteht kein Schiffsrumpf, sondern die Spitze der Nordkaje zum Wendebecken von Hafen II. Im Hintergrund die alte massive Nordmole, das Werftgelände der A.G. »Weser« und Pier A der Getreideanlage.

Der Erweiterung der Kajenstrecke sollte plangemäß der Ausbau der überdachten Umschlagfläche folgen. Die Erweiterung begann 1927 mit dem Bau des Schuppens 13a. Mit ihm war die 195 Meter lange Schuppenfront des Schuppens 13 um 133 Meter verlängert worden. An seiner dem Hafenkopf abgewandten Seite endete der Bau mit einem Turm für einen Rollband-Pegel, dessen Ziffern nach allen Seiten sichtbar waren. Die beiden Gleise zwischen Schuppen 13/13a und dem dahinter liegenden Speicher XIII hatten durch eine Schiebebühne zusätzlichen Anschluß an die drei Kajengleise. An der sich in Richtung der neuen Kaistrecke etwas verjün-

Blick auf den neuen Schuppen 13a. Oben im Turm zeigt ein Rollbandpegel den aktuellen Wasserstand. Daneben im Hintergrund der Turm der im Krieg zerstörten Wilhadi-Kirche in der nicht wiederaufgebauten Doventors-Vorstadt. Im Vordergrund fährt die Schiebebühne, auf der Waggons von den Speicher- zu den Kajegleisen bewegt werden können.

genden Nordseite des Schuppens 13a vorbei führte das erste von zwei Gleisen zur Bedienung der neuen Kajenstrecke bis zur Hafenausfahrt.

Nach Abschluß der Planungsphase und dem Ende des strengen Winters 1928/29 begann im April 1929 die general-beauftragte Maschinenfabrik Augsburg-Nürnberg (MAN) mit dem Bau der beiden Schuppen 15 und 17 an der neuen Nordkaje. Die Fronten der beiden Schuppen ergaben zusammen eine Strecke von 780 Metern, und insgesamt wurden 45.000 Quadratmeter neue Schuppenfläche geschaffen. Die Kosten dafür beliefen sich zusammen mit den neuen Kaimauern auf 15 Millionen Mark.

Noch während der Bauarbeiten kam am 24. Juni ein bedeutender Gast zur Stippvisite in den Hafen II, denn für einen Vormittag hatte die für den Norddeutschen Lloyd auf der A.G. »Weser« gebaute und ausgerüstete »Bremen« hier festgemacht. Der vierte Luxusdampfer dieses Namens sollte das neue Zugpferd im transatlantischen Passagiergeschäft der Bremer Reederei werden und errang auch bald mit dem »Blauen Band« die Trophäe für die schnellste Atlantik-Überquerung. Von der fertigen »Bremen« sprach die ganze Stadt, und damit das Schiff für seine erste Fahrt die Weser hinunter auch gebührend abgewunken werden konnte, erhielt die Schuljugend unterrichtsfrei. Von zwei bis gegen fünf Uhr morgens hatten insgesamt 15 Schlepper bei stürmischem Wetter den Koloß aus dem Werfthafen ins Wendebecken gezogen, gedreht und in den Überseehafen geschleppt. Um 12.30 Uhr nahm die »Bremen« dann Abschied von ihrer Heimatstadt und wurde aus Hafen und Wendebecken auf die Weser manövriert.

Außer einigen Um- und unwesentlichen Neubauten für Betriebsmittel und Feuerwehr änderte sich in den 1930er Jah-

Am 24. Juni 1929 ver-
läßt die »Bremen« den
Überseehafen.

Rechts ist der Molenturm
zu erkennen.

ren wenig am Bild des Überseehafens. Weitere Investitionen
wurden nicht erwogen. Die Autarkie-Politik der Nationalso-
zialisten beeinträchtigte den Außenhandel und somit natürlich in hohem Maße die Interessen der hansestädtischen Kaufmannschaft. In die Häfen wurde kaum investiert, dafür erfolgte der massive Ausbau Bremens als Rüstungsstandort. Der
deutsche Seehandel belebte sich deshalb nach der Weltwirtschaftskrise Ende der 1920er Jahre nur schleppend und hatte erst 1938 wieder den Stand von 1928 erreicht.

Im Jahre 1938 erfolgte auch die offizielle Umbenennung
des »Hafens II« in »Überseehafen«. Eine kurze Zeit war der
Name »Atlantikhafen« ernsthaft im Gespräch gewesen. Jedenfalls hat Hanns Meyer, der als Leiter des Bremer Verkehrsver-

Ein englischer Frachter
hatte am 6. April 1925
die Südmole im Über-
seehafen gerammt. Der
Stoß war so stark, daß
der 1906 erbaute
Leuchtturm aus dem Fun-
dament gelöst wurde

und in Schräglage ge-
riet. Das angrenzende
Dienstgebäude blieb
unversehrt.
Das Foto wurde von der
Weser am Unfalltag auf-
genommen.

eins von Berufs wegen gut informiert war, den Namen »Atlantikhafen« verwandt. In seinem 1938 in zweiter Auflage erschienenen Stadtführer »Das Bremer Gesicht« überschrieb er
damit den Abschnitt über das zweite Freihafenbecken. Darin sind auch die vielzitierten Sätze zu lesen, die das Hafenbecken ausdrucksstark beschreiben: »Hier sind die Zehn- und
Zwanzigtausend-Tonner zu Hause, die Riesen des Atlantiks,
die Liniendampfer nach Amerika, Australien und Ostasien.
Mit über 3 Millionen Netto-Registertonnen weist Freihafen
II einen Stückgutverkehr auf, der von keinem anderen Hafenbecken übertroffen wird. Kaum hat ein Seeschiff festgemacht, schwingen schon die Greifer und Kräne über den weit-
geöffneten Luken, und Kolonnen von Schauerleuten sind am

Werke (...).« Angesichts der Schnelligkeit des Umschlags formulierte er weiter: »Da ist nichts zu spüren von jener Romantik, die den Schiffer glücklich preist, der den Hafen erreicht hat und hinter sich ließ das Meer und die Stürme. Hier gebietet das im Weltmaß verstärkte Tempo der Zeit. Hafenaufenthalt bedeutet Arbeit und Schweiß, Lärm und Unrast.«

Trotz des abgeschlossenen Hafenausbaus und ausbleibender Investitionen gab es dennoch eine im gesamten Hafengebiet durchgeführte Baumaßnahme. Sie deutete bereits auf die kommende Katastrophe hin: Schon in den Jahren vor Ausbruch des Zweiten Weltkriegs 1939 hatte das Hafenbauamt Luftschutzräume eingerichtet. Somit wurde auch der Überseehafen für den Zweiten Weltkrieg gerüstet.

Linke Seite:
Ein aus Wilhelmshaven herbeigerufener Schwimmkran-Gigant von 250 Tonnen Tragkraft hebt den mit Stahlgurten und abgespannten Holzbalken gesicherten Turm von der Unfallstelle. Nach Wiederherstellung der Mole und Neubau des Turmkellers samt Gründung wird der Turm unter Verwendung der alten und auch neuer Porta-Sandsteine in leicht veränderter Form wiederaufgebaut. Foto vom 10. April 1925, aufgenommen aus dem Wendebecken.

Nach Fertigstellung der Nordkaje folgten 1929 der Schuppenbau und die Ausrüstung der Kajefläche. Foto vom Zusammenbau der Drei-Tonnen-Halbportalkrane im August, links das Nordufer des Holz- und Fabrikenhafens mit den beiden charakteristischen Silobauten der Hansa- und Rolandmühle.

Kriegszeit und Zerstörung des Überseehafens

Nach Kriegsausbruch 1939 war die Zahl der in Bremen einlaufenden Schiffe stark zurückgegangen. 1940 kamen rund 3000 weniger als im Jahr 1938 (10.500). Das Überseegeschäft war weitgehend zusammengebrochen, was zu einer verstärkten Hinwendung Richtung Osten führte. Der Ostseehandel konnte zunächst aufrechterhalten werden und erlitt erst mit Beginn des Krieges gegen die Sowjetunion starke Einbußen. Der Massengutumschlag entwickelte sich unterschiedlich. Während Getreide und Düngemittel als Teil des Überseegeschäfts zurückgingen, überschritten die auf dem »Erzplatz« hinter Schuppen 18 bewegten Ladungen Erz als wichtiger Rohstoff für die Rüstungsindustrie sogar noch 1943/44 die Vorkriegszahlen. Holz, Kohle und Eisen blieben konstant.

Trotz der starken Zerstörungen, deren Verlauf für den Überseehafen gesondert zu schildern ist, ging die Arbeit im Hafen weiter. Bombenschäden an den Gebäuden wurden zu reparieren versucht. Ein größeres Problem schien die kontinuierliche Verringerung der Zahl der Arbeitskräfte zu sein, da viele Hafenarbeiter zum Kriegsdienst eingezogen worden waren. Vor allem erfahrene Männer waren kaum zu ersetzen. Ihr Fehlen wirkte sich doppelt schwer aus, da angestrebt wurde, die Schiffsabfertigungen an den Kajen und den Umschlag auf Schiene, Lkw oder Fuhrwerke so kurz wie möglich zu halten. Dadurch sollten die Schiffe und La-

Nachdem die Wasserversorgung in der kriegszerstörten Stadt zusammengebrochen war, mußten die Bewohner Bremens Trinkwasser an öffentlichen Notbrunnen schöpfen.

dungen schnell die fortwährend durch Bombenangriffe ge-
fährdeten Hafenbecken und Schuppenflächen wieder verlassen können.

1942 wurde der Hamburger Gauleiter Karl Kaufmann zum
»Reichskommissar für die Seeschiffahrt« ernannt, und als sein
»Gaubeauftragter« in den stadtbremischen Häfen fungierte
mit Franziskus Eggers ein Vorstandsmitglied der BLG. Unter
dessen Mitwirkung und in Zusammenarbeit mit dem Arbeits-
amt wurde entsprechend dem vom Gesamthafenbetrieb er-
mittelten Bedarf versucht, für Ersatz zu sorgen. Vielfach kamen im besetzten Ausland zwangsrekrutierte Arbeitskräfte
und Kriegsgefangene zum Einsatz. Von den 3310 im Jahre 1941
beschäftigten Hafenarbeitern waren fast ein Drittel Zwangsarbeiter, 390 stammten aus Belgien, 220 aus Holland, und
400 waren Kriegsgefangene.

Die verheerenden Angriffe auf Hamburg im Sommer 1943
zerstörten dort viele Hafenbereiche, wodurch sich schlagar-
tig das Schiffsaufkommen in den bremischen Häfen verstärkte. Dies erforderte abermals zusätzliche Arbeiter. Weitere
Zwangsarbeiter, vor allem sogenann-
te »Ostarbeiter« und russische Kriegsgefangene, arbeiteten in den Häfen.
Ihrer Zahl von 2150 Männern standen Anfang 1944 nur noch 700
Deutsche, zumeist Facharbeiter, ent-
gegen. Auch Militär wurde zu Aufräumarbeiten herangezogen. Trotz
schlechter Versorgung der »Ostarbeiter« und der Kriegsgefangenen
wurde die 60-Stunden-Woche angeordnet. In ihrem Lager »Admiral
Brommy« im Holzhafen gab es au-

Am Ende der Südkaje
befand sich hinter
Schuppen 18 ein gro-
ßer Freilagerplatz. Als
wichtiger Rohstoff für
die Rüstungsindustrie
hielt sich der Erzum-
schlag hier auch in der
NS-Zeit und während
des Zweiten Weltkrie-
ges konstant. Foto Ende
der 1920er Jahre.

Neben Zwangsarbeitern waren auch viele KZ-Häftlinge und Strafgefangene mit der Beseitigung von Trümmern und Blindgängern beschäftigt. Eine zermürbende und gefährliche Arbeit, der viele Gefangenen zum Opfer fielen. Das Foto zeigt einen Gefangenenappell im Zuchthaus Oslebshausen.

ßer Splittergräben zunächst keinen Luftschutz. Vom Herbst 1944 bis zum Februar 1945 kamen neben Polizeiangehörigen auch KZ-Häftlinge und Strafgefangene zum Aufräumeinsatz.

Die im Bremer Staatsarchiv zu den Bombenschäden im Bereich des Überseehafens überlieferten Akten zeigen, wie im Laufe der Jahre Schuppen um Schuppen verlorenging. Nach Beginn der Bombardierungen 1940 war noch erfolgreich versucht worden, die Schäden durch Reparaturmaßnahmen zu beheben. Die Bemühungen, die Schuppenfläche konstant zu halten, erwiesen sich jedoch mit der Massierung der Bombardierungen Anfang 1941 als zunehmend schwieriger und nach den seit Juni 1943 kombiniert geflogenen Tag- und Nachtangriffen der Amerikaner und Briten fast als aussichtslos. Die Eintragungen über die einzelnen Schäden mehrten sich fortwährend. Zu Schuppen 11 berichten sie z.B. am 13. Juni 1943 von einem Volltreffer und den dadurch verursachten Schäden an den Betriebsmitteln. Ende November des Jahres zerstörten Sprengbomben auch den dort gelegenen Telefon-Bunker und noch einmal 800 Quadratmeter Schuppendach und Fußböden. Im August 1944 mußte schließlich die restlose Zerstörung protokolliert werden. Die Angriffe gingen jedoch weiter, und der nur noch als Schutthaufen bestehende Schuppen 11 wurde im Oktober des Jahres noch einmal durch einen Trümmerbrand aktenkundig. Ähnlich verlief das Ende des benachbarten Schuppens 13/ 13a. Im Dezember 1943 wurde er in seiner vollen Länge mehrmals durch Brand- und Sprengbomben schwer beschädigt, und nach der Meldung der völligen Zerstörung vom 18. März 1944 war im Herbst des Jahres auch hier noch einmal ein Trümmerbrand zu verzeichnen. Glimpflicher dagegen erging es dem hinter dem Schuppen gelegenen Speicher XIII und dem in seiner Flucht stehenden benachbarten Speicher XI.

Beide Gebäude wurden nicht einmal zu einem Viertel zerstört. Nummer XIII hatte in den Abteilungen zwei und drei völlige Zerstörung erfahren, aber später nur noch einzelne Brandbombeneinschläge im Dach erhalten. In Speicher XI hatten Brand- und Sprengbomben im Juli 1944 einen Großbrand ausgelöst, der noch am nächsten Tag nicht gelöscht war.

Schuppen 15 war schon am 18. Mai 1940 von Fliegerbomben getroffen worden, dem Tag des ersten Luftangriffs auf Bremen. Die zuerst noch sporadischen Meldungen über Treffer, Gebäude- und Materialverluste häuften sich seit dem Winter 1941/42. Bei einem einzigen Angriff im Dezember 1943 war eine Abteilung völlig ausgebrannt; 1350 Quadratmeter Dachfläche und diverse Betriebsmittel waren zerstört worden. Bis 1945 wurde der gesamte Schuppen mehrfach schwer beschädigt und der mittlere Teil vollständig zerstört. Was für ein Durcheinander in den zwischen den Trümmerbereichen noch erhaltenen Schuppenabteilungen gegen Ende des Krieges geherrscht haben mußte, verdeutlicht eine Notiz in einer Akte vom 27. April 1945. Es ging um den Schaden einer Ladung Schweiß-

Am 27. April besetzten britische Soldaten den Überseehafen (oben).

Nach dem Ende des Krieges plünderten Deutsche die letzten Vorräte in den Häfen. Blick in die Ladestraße zwischen Schuppen 11 und Speicher XI (unten).

zubehör für die Göteborger Straßenbahn in Schuppen 15. Angesichts der Zerstörung fragten sich die Gutachter, ob nun Bomben oder Plünderer am Werk gewesen waren.

Schuppen 17 hatte, wie Schuppen 15, schon im Mai 1940 die ersten Gebäudeschäden und Güterverluste erlitten, wobei zusammen mit Schuppen 15 ein Schaden von 713.000 Reichsmark entstanden war. Wie Pier A der etwa in 500 Meter Entfernung auf der anderen Seite des Getreidehafens liegenden Getreideverkehrsanlage brannten am 3./4. Juni 1942 zwei Abteilungen völlig aus. Im Dezember 1943 wurden noch einmal diverse Betriebsmittel und das bei Schuppen 17 gelegene Ottilie-Hoffmann-Haus schwer beschädigt.

Auf der anderen Seite des Hafenbeckens zeichnete sich ein ähnliches Bild ab. Im Laufe der Jahre ging die nutzbare Schuppenfläche Quadratmeter für Quadratmeter verloren. Bremen war als Hafenstadt und Standort der Rüstungsindustrie häufig Zielpunkt in der alliierten Luftkriegsplanung. Am 18./19. August 1944 erlebte es seinen schwersten Angriff. Über 750 Tote mußten geborgen werden; 25.000 Wohnungen waren zerstört. Im Überseehafen wurden von Schuppen 12 die noch brauchbaren Abteilungen zwei und drei zerstört, Schuppen 14 ging vollständig verloren, und in Schuppen 16 erhielten die Abteilung eins und die Betriebsstelle Bombentreffer. Schuppen 18 hatte schon zuvor zahlreiche Beschädigungen erfahren und war noch im Februar 1945 weiter zerstört worden.

Am 28. April ist ganz Bremen besetzt, für viele ist es die Befreiung. Ein britischer Soldat blickt über die zerstörte Kaiser-Wilhelm-Brücke auf den Teerhof.

Neubeginn und Wiederaufbau

Wenn auch nur in kleinem Rahmen, so konnte die Arbeit im Hafen nach dem Ersten Weltkrieg dennoch wieder aufgenommen werden. Nach dem Zweiten Weltkrieg war daran zunächst überhaupt nicht zu denken gewesen. Wie die damaligen Luftbilder zeigen, fanden die Siegermächte eine weitgehend aus Trümmern bestehende Hafenlandschaft vor. Die Liste der zerstörten Umschlaganlagen las sich endlos lang, und ebenso nüchtern wie deutlich zeigen die in Prozent ausgedrückten Schadenszahlen auf einen Blick den großen Umfang der Zerstörungen.

Nicht mehr funktionsfähig waren

88 Prozent der Schuppen,

88 Prozent der Speicher,

34 Prozent der Hafenbahngleise,

65 Prozent der Krane,

20 Prozent der Kajen,

57 Prozent der Brücken und

56 Prozent der schwimmenden Landeanlagen.

Eine völlige Vernichtung, von der zum Teil die Rede war, verbirgt sich jedoch keineswegs hinter dieser Aufstellung. Sie enthält schließlich auch die Aussage, daß mit 80 Prozent der Kajen ein zentraler Baustein im Hafengefüge weitgehend einsatzfähig geblieben war. Dennoch war jeglicher Schiffsbetrieb aus zwei Gründen ausgeschlossen: Erstens lagen 230 Wracks (darunter Schiffe bis zu einer Größe von 2200 BRT) in den Hafenbecken, und zweitens waren weite Teile der Häfen und des Weserfahrwassers im April 1945 noch zur Abwehr der anrückenden britischen Truppen vermint worden. Letzteres war ein Teil des umfangreichen »Lähmungsprogramms« für die deutsche Küste. Auch die bremischen Häfen sollten in

Luftbild folgende Doppelseite: Der zerstörte Bremer Westen. Von den Stadtteilen Utbremen, Muggenburg und dem Stephaniviertel war nach dem verheerenden Bombenangriff im August 1944 nichts mehr geblieben. Aber auch die Stadtteile Walle und Gröpelingen hatten schwere Zerstörungen zu beklagen. Auf dem Bild erkennt man gut die Häfen: Das der Altstadt am nächsten liegende Becken ist der Europahafen; dahinter schließt sich der Überseehafen und noch weiter rechts im Bild der Holz- und Fabrikenhafen an.

diesem Rahmen für einrückende Truppen wertlos gemacht, aber später, nach einer möglichen Rückeroberung, wieder funktionsfähig gemacht werden können. Die Industriehafenschleuse wurde geschlossen und der Antriebsmechanismus zerstört. Die wegen der aussichtslosen Kriegslage dann anstelle einer Lähmung geplante völlige Hafenvernichtung (durch Sprengung der Kajen) konnte, zum Teil durch geschicktes Handeln einzelner, verhindert werden.

Wenige Wochen nach Kriegsende wurden die bremischen Häfen von den amerikanischen Besatzern übernommen. Bremen wurde Nachschubhafen für die in Deutschland stationierten US-Truppen und die Versorgung der US-Besatzungszone. Die Alliierten begannen mit der Räumung der Minen, von denen einige jedoch übersehen wurden, weil sie unsichtbar im Sand und Schlick der Hafensohlen steckten. Im Oktober 1945 starben fünf Besatzungsmitglieder eines Schleppers, der im Überseehafen auf eine Mine gelaufen war. Der letzte dieser tief im Becken verborgenen Todesbringer detonierte erst im Sommer 1946.

Trotz der Vernichtung fast aller Umschlageinrichtungen bot der Überseehafen gegenüber den vollständigen Zerstörungen anderer Hafenteile noch das günstigste Bild. Die Schuppenfläche im Überseehafen war »nur« zu 82,74 Prozent, die Kapazität der Speicher XI und XIII zu 22,9 Prozent zerstört worden. Deshalb konzentrierte die BLG, die seit dem 29. November 1945 nach Genehmigung der Militärregierung wieder die Betreuung der bremischen Hafenanlagen übernommen hatte, ihre Bemühungen auf einen Wiederaufbau zunächst im Bereich dieses Beckens. Es bot auch seiner größeren Tiefe wegen die besten Voraussetzungen, den erwarteten Überseeverkehr der großen amerikanischen Schiffe zu bewältigen. Zunächst mußte jedoch mit der Freiräumung der Wasserflächen begonnen werden. Das geschah vor Schuppen 15, 17A und B. Probeweise konnte am 4. August 1945 bei Flut erstmals wieder ein Schiff (2800 BRT) aus- und ein Schiff (1200 BRT) durch die noch nicht ganz geräumte Einfahrt des Überseehafens einlaufen. Wegen der großen Zahl der zerstörten oder beschädigten Krananlagen beteiligten sich in der Anfangszeit die Schiffe noch mit bordeigenem Ladegeschirr am Löschen.

Wie die Schuppen 15 und 17 noch zu den am wenigsten stark zerstörten Hafenanlagen gehörten, waren auch die Schäden an den dortigen Kranen verhältnismäßig schnell zu beheben. Somit konnte in diesem Teil zuerst wieder gearbeitet werden. Auf 100 Meter Kajen stand dann wieder eine Gruppe von fünf Kranen bereit.

Nachdem zunächst nur von den amerikanischen Streitkräften Güter importiert worden waren, begann sich seit Herbst 1945 wieder das Umschlaggeschäft zu regen. Es wurde konzentriert versucht, diese Entwicklung zu stützen und zu beschleunigen. Alles, was im Europahafen noch an mobilen und intakten oder wiederherstellbaren Umschlageinrichtungen, von kleinen Transport- und Hebezeugen bis zu ganzen Kranen, aufzutreiben war, wurde in den Überseehafen gebracht. Das Ergebnis war, daß Bremen trotz aller Zerstörungen den bestausgerüsteten der kriegsbeschädigten Häfen besaß.

Perspektivische Darstellung des 1947-1949 errichteten Wiederaufbaus von Schuppen 11 und 13. Die beiden ehemaligen Schuppen sind in einem Grundriß zusammengefaßt worden. Die Fuhrhöfe sind weggefallen und die jeder Schuppenabteilung zugeordneten Betriebsgebäude noch größer geworden. Schuppen 13a wurde nicht wieder aufgebaut.

WASSERSEITE

BETRIEBSGEBÄUDE III

BETRIEBSGEBÄUDE II

BETRIEBSGEBÄUDE I

Im März 1946 wurden wieder die ersten 40.000 Ballen Baumwolle im Überseehafen gelöscht, allerdings noch nicht als Teil eines internationalen Geschäfts, sondern lediglich als Nachschublieferung von amerikanischen Armeebeständen zur Förderung der Landwirtschaft in der US-Besatzungszone.

Rund ein Jahr nach Kriegsende begann der planmäßige Wiederaufbau. Alle Bauten, Anlagen und Maschinen wurden begutachtet und je nach Zustand zur Wiederherstellung oder zur Niederlage beziehungsweise Verschrottung vorgesehen. Nach einem weiteren Jahr waren die Aufräumarbeiten und die Wiederherstellung der reparaturwürdigen Hochbauten so weit vorangeschritten, daß mit der Errichtung von neuen Gebäuden und Maschinenanlagen begonnen werden konnte. Dabei handelte es sich jedoch nicht um einen bloßen Wiederaufbau des Vorkriegsbestandes, sondern in den Planungen spiegelte sich wider, was seit langem an geänderten Bedürfnissen beobachtet worden war. Beispielsweise wurde außer den Kranen die gesamte Stromversorgung im Hafen von Gleichauf Drehstrom umgestellt. Als wichtige Merkmale des Wiederaufbaus im Überseehafen zeigten sich veränderte Grundrisse und konstruktive Elemente bei den Kajenschuppen und die Neukonzeption der Verkehrswege. Selbst unter Inkaufnahme von Verlusten von Kajen- und Schuppenplatz wurden nun die Straßen- und Gleisflächen vergrößert. Eine wirksame Maßnahme in dieser Richtung war die Anlage einer Verkehrsstraße an der Rückseite von Speicher XI. Zuvor war der Lkw-Verkehr zwischen dem Hafenkopf und den Schuppen 15/17 auf der Ladestraße zwischen Kajeschuppen und Speicher geflossen beziehungsweise nicht geflossen, denn die Lastzüge kamen hier oftmals zum Stehen. (Von der Verkehrspolizei wurden Durchfahrzeiten von bis zu anderthalb Stunden ermittelt). Die Straße, für deren Bau eine Verschiebung des Zoll-

Transport Branch – Transport Division« ins Leben gerufen und führte mit »Schiffsinspektion & Wasserschutz – Wasserstraßenverkehr – Transport-Division« die deutsche Übersetzung im Siegel. Im Hafenalltag wurde sie kurz »S.u.W.« genannt. Im Oktober 1948 löste sie die neugegründete Wasserschutzpolizei des Landes Bremen ab. Beide Einrichtungen hatten viel mit Schmugglern und mit Diebstählen zu tun, zum Teil auch in ihren eigenen Reihen, weshalb es relativ häufig zu Entlassungen kam. Hunger und anhaltender Mangel an vielen lebensnotwendigen Dingen waren an der Tagesordnung und prägten die Nachkriegszeit noch bis Ende der vierziger Jahre. Deshalb wurde im Umfeld der sich langsam wieder füllenden Kajeschuppen im Überseehafen in der Nachkriegszeit generell sehr viel gestohlen. Vor allem, wenn Schiffe Ladungen wie Lebensmittel oder Kleidung gelöscht hatten, konnten

viele Arbeiter der eingesetzten Schichten nicht der Versuchung widerstehen, die eine oder andere außerordentliche Warenprobe gleich an Ort und Stelle durchzuführen.

Zahlreiche Hafen-Anekdoten ranken sich um diese Zeit, so z.B., wie zwei Arbeiter von einer Schicht mit je einem vollen Eimer bestem Olivenöl durch den Zoll gelangten. Vor den

Autoumschlag an der Kühlhauskaje. Einige Waggonladungen »Isettas« stehen zur Verschiffung bereit. Auf dem Foto aus der Zeit des »Wirtschaftswunders« sind am unteren Bildrand die Universalgleise zu sehen, die das Aufsetzen von Eisenbahngerät mit allen gängigen Spurweiten erlauben.

Augen der Zöllner hatten sie die Grenze auf den Gleisanlagen gehend passieren können, indem sie mit ölgetränkten Lappen in der Hand Schienen- und Weichenöler mimten. Unabhängig davon, ob sich diese eine Geschichte nun exakt in der erzählten Weise abgespielt hat oder nicht, wurden Schwarzhandelswaren und Diebesgut mit unterschiedlichsten Tricks geschmuggelt. Vor allem Kaffeebohnen füllten viele phantasievoll ausgewählte Verstecke in der Kleidung oder auch ganze Fahrradrahmen. Der Anstieg der Kriminalität erforderte Maßnahmen für die Sicherung der in den Speichern und Schuppen befindlichen Waren. Private Wachdienste verstärkten den staatlichen Schutz, und Ende Juni 1946 wurden im Überseehafen Kontrollstellen eingerichtet, die nach Schichtende von jedem Arbeiter passiert werden mußten. Mitunter kam es zu schweren Zwischenfällen. So wurde beispielsweise bei einer Razzia im August des Jahres 1946 ein Hafenarbeiter erschossen und ein weiterer verletzt.

Neuer Umschlag – neue Ausbauten

Wer den Betrieb in einem alten Stückgutschuppen noch kennengelernt hat, schließt sich schnell der allgemeinen Meinung an, daß der in den sechziger Jahren immer stärker einsetzende Containerverkehr der großen Frachtschiffahrt und dem Hafenbetrieb ein bedeutendes Stück ihrer Romantik genommen hat. Für die bremischen Häfen war es im Mai 1966 soweit: Im Überseehafen schwebten auf dem neuen »Container-Platz« zwischen Schuppen 16 und 18 erstmals die normierten Stahlbehälter über die Marcuskaje. Gebracht hatte sie das Voll-Containerschiff »Fairland« der Sea-Land Service Inc., New York, die im Februar in Bremen die Sea-Land (Germany)

Transport GmbH gegründet hatte. Die Stadt wurde damit der erste deutsche Zielhafen von Voll-Containerschiffen. Es sollte sich damit im Überseehafen jedoch nur um ein Provisorium handeln. Der großflächige Containerumschlag begann mit Inbetriebnahme des ersten großen Containerterminals am Schuppen 24 im Neustädter Hafen im Juli 1968 und setzte sich später hier und vor allem in Bremerhaven in großem Stil fort. Der Neustädter Hafen war angesichts der Überlastung des alten Freihafengebietes seit 1960 auf der linken Weserseite gebaut worden. Rund 4,5 Millionen Kubikmeter Klei- und ca. 5,8 Millionen Kubikmeter Sandboden mußten zur Anla-

Die »Fairland« im Überseehafen. Mit ihr machte am 5. Mai 1966 bei Schuppen 18 das erste Voll-Containerschiff in Bremen fest. Zwei Jahre später lief beim Bremer Vulkan mit der »Weser-Expreß« (96.000 BRT) das erste deutsche Schiff dieses Typs vom Stapel.

ge des Hafen- und Wendebeckens sowie des Vorhafens ausgebaggert werden. Aus dem alten »Containerplatz« im Überseehafen wurde ein Umschlaggelände und Lagerplatz für Großrohre, bevor 1990 an dieser Stelle der durch seinen markantblauen Anstrich weithin gut zu erkennende Schuppen 16B entstand.

Eine weitere Neuerung erlebte der Überseehafen ein Jahr nach dem Beginn des Containerumschlags. Auf dem Areal des alten Schuppens 13a, wo nach dem Krieg 4000 Quadratmeter Freilagerfläche entstanden waren, wurde an dem 30 Meter breiten Rücksprung des Hafenbeckens die Kaje für den Roll-on-roll-off-Verkehr umgerüstet. Über eine zweiteilige, rund 80 Meter lange 60-Tonnen-Brük-ke konnten rollende Güter, vor allem Autos und Lkw, direkt in den Lade-

Jedes Exemplar des deutschen Export-schlagers Nr. 1 wird sorgfältig festgezurrt.

Die Ro/Ro-Anlage am Kajeversprung zwischen Schuppen 13 und 15 wurde 1968 in Betrieb genommen.

raum der für diesen Zweck zunächst nur am Heck mit einer Klappe versehenen Schiffe einfahren. Ein Hubportal paßte die Höhe der 6,80 Meter breiten Brücke an den jeweiligen Wasserstand an. Ende 1972 wurde eine sehr viel größere Anlage am Kopf des Europahafens mit über 22.000 Quadratmetern überdachter Verkehrs- und Lagerfläche fertiggestellt. Das Becken war dafür um 300 Meter verkürzt worden.

Geplant, eingeleitet und gesteuert wurden diese neuen Entwicklungen von der BLG. Sie war nach wie vor zuständig für den Betrieb aller »Anstalten«, die die Stadt ihr 1954 im mitt-

lerweile fünften Betriebsvertrag zur Bewirtschaftung überließ. Wie damals im Paragraphen 1, Absatz 1 festgehalten wurde, waren mit den »Anstalten« alle zum Hafen gehörenden »Baulichkeiten, Maschinen, Betriebsgeräte und Ausstattungsgegenstände sowie Kajestrecken und Plätze« gemeint. Der Vertrag galt bis 1963. Dann wurde er durch den noch im gleichen Jahr geschlossenen »Rahmenvertrag« zwischen Bremen und der BLG ersetzt, der mit Änderungen und Ergänzungen bis zur Privatisierung der Gesellschaft Ende 1998 gültig war. Die BLG hatte mit dem Rahmenvertrag ihr Gesicht grundsätzlich gewandelt und sich von einer Verwaltungs- zu einer

Von 1959 bis 1961 planten und betreuten die Architekten Max Säume und Günter Hafemann im Auftrag des Hafenbauamtes den Bau des neuen Verwaltungsgebäudes der BLG.

Kapitalgesellschaft entwickelt. Dadurch waren ihr völlig neue Kompetenzen und vor allem die freie Investitionsmöglichkeit zugekommen. Dies geschah zu einer Zeit, als die Beseitigung der Kriegsschäden und der eigentliche Wiederaufbau vollständig abgeschlossen waren. Nun standen die Rationalisierung der bestehenden Anlagen und weitere Ausbauten der stadtbremischen Häfen an.

Schon zwei Jahre vor Inkrafttreten des Rahmenvertrags 1963 war an der Stelle des baufälligen, 1956 abgebrochenen Mitteltrakts des Verwaltungsgebäudes im Überseehafen das 1959 begonnene neue Hochhaus der BLG bezugsfertig. Von den oberen seiner 13 Stockwerke ist das stadtbremische Schaffensfeld der Gesellschaft gut zu überblicken. Durch den Krieg war die östlich des Überseehafens gelegene Doventors-Vorstadt vollständig zerstört worden. Statt eines Neubaus von Wohnhäusern in diesem Gebiet wurde entschieden, es als Erweiterungsfläche für den Freihafen zu nutzen. Bis 1963 hatte die BLG hier in dreijähriger Bauzeit den Speicher II errichtet, und 1967 wurde Speicher III fertiggestellt. Beide waren eine Weiterentwicklung der Bauart des 1950 im Europahafen errichteten Neubaus von Speicher I, den sie jedoch an Speicherfläche um mehr als das Doppelte übertrafen (Speicher II: 84.000 Quadratmeter).

Der Blick zur anderen Seite in den Überseehafen hinein zeigte neben der genannten Ro/Ro-Anlage nur an der Südkaje bei Schuppen 16 und 18 weithin sichtbare Veränderungen, nämlich durch den geschilderten Wechsel vom »Container-Platz« zum Großrohrumschlag und schließlich zum Schuppenneubau 16B. Schon Anfang der 70er Jahre war auf der Nordseite Schuppen 17 abgebrochen und durch einen Kajeschuppen völlig neuer Bauweise (Stahlkonstruktion mit Blechabdeckungen) ersetzt worden.

Traditioneller Stückgutverkehr im Hafen. Vorn Eisenbahnumschlag, hinten liegen ein Binnenschiff, Küstenmotorschiffe und ein Seeschiff an der Kaje.

Aber auch hinter anscheinend kleinen baulichen Veränderungen können sich enorm große Baumaßnahmen verbergen. So wurde im Überseehafen die Südkaje auf rund 900 Metern um 1,50 Meter verbreitert, um zwischen äußerer Kranschiene und dem Beckenrand einen größeren Platz für den Leinpfad, d.h. den Arbeitsweg, den die Festmacher benötigten, zu schaffen. Dafür wurde die alte Kajenoberkante abgebrochen und durch eine Stahlbetonkonstruktion ersetzt.

Blick in den vollbelegten Überseehafen Ende der 1970er Jahre. Insgesamt kommen und verlassen monatlich zwischen 800 und 900 Schiffe die stadtbremischen Häfen. Sie im- und exportieren dabei über eine Million Tonnen Güter. Den Verkehr mit Lash-Barges (Lighter aboard Ship) hat die BLG nur wenige Jahre betrieben. Die schwimmenden Container wurden wie Binnenschiffe beladen und anschließend an Bord genommen.

3
Hafen- und Umschlagtechnik: Kajen, Schuppen, Speicher

Daniel Tilgner/Klaus Wolf

Zwischen Übersee und Hinterland: Kajen im Überseehafen

Für die 1886 bis 1888 errichteten Kajemauern im Freihafen war ein im bremischen Hafenbau neuartiges Mauerprofil zur Anwendung gekommen, das später auch in Hamburg gebaut wurde. Der nach hinten geneigte Mauerkörper von ca. acht Meter Tiefe und 4,80 Meter unterer Breite bestand aus Ziegelmauerwerk und im Kernbereich aus »Sparbeton« (ein mit nur wenig Zement im Mischungsverhältnis 1:10 hergestellter sog. »Magerbeton«) und ruhte auf einem Pfahlrost aus senkrechten und geneigten Druckpfählen. Im oberen Wandbereich wurde ein begehbarer Kanal gemauert. Hier lagen die Leitungen für die Elektrik und für das Druckwasser der zunächst noch hydraulisch betriebenen Krane. Auf der Sohle dieses mit zahlreichen Einstiegsschächten und großen Endöffnungen versehenen Kanals befand sich eine kleine Eisenbahn für den Transport der schweren Rohre. Die Druckrohre wurden im Winter mit warmem Wasser gefüllt. Dadurch konnten sie nicht einfrieren und die Temperaturen im gesamten Kanal nicht zu stark fallen. Die Kanäle sind heute in Teilbereichen noch begehbar.

Für den Kajenbau im Hafen II war eine andere Konstruktion erforderlich. Sie mußte eine kostengünstigere Herstellung ermöglichen, andere Bodenverhältnisse und vor allem eine notwendige größere Beckentiefe berück-

Querschnitt durch Kaje und Schuppenrampe in Hafen I. Zur Zeit seiner Erbauung in den 1880er Jahren war die gängige Form der Schiffsrümpfe noch abgerundet, so daß die das Hafenbecken an-schneidenden Schrägpfähle der Kajenkonstruktion den Verkehr nicht behinderten. Alle in der Skizze genannten Angaben beziehen sich auf »Bremer Null« (+2,28 NN).

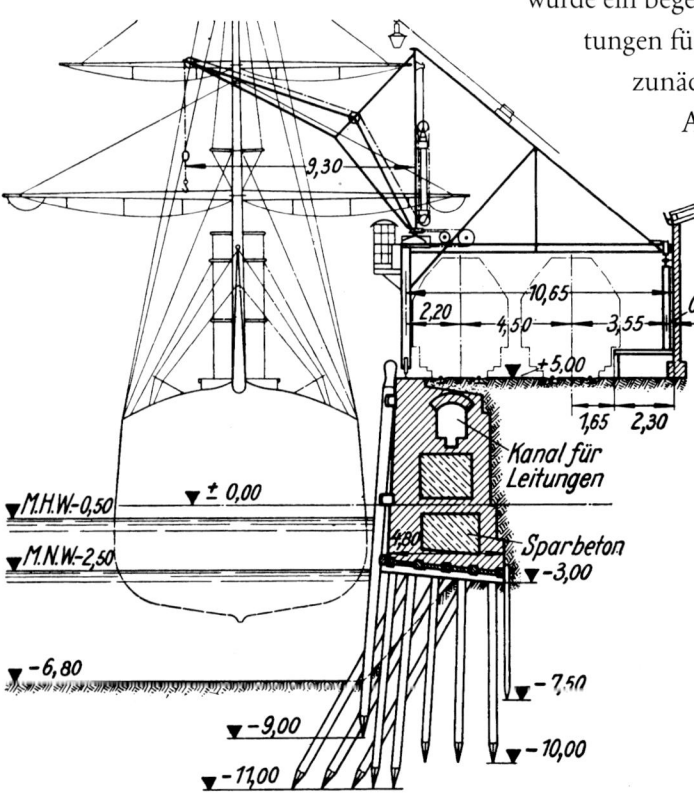

sichtigen. Außerdem wurden für die neueren Schiffstypen mit steilen Bordwänden senkrechte Ufereinfassungen benötigt.

Der Bau einer solchen Kaje war eine technische Meisterleistung. Allein der Höhenunterschied vom Grund des Hafenbeckens, der Hafensohle, bis zur Oberkante der Kajen beträgt mehr als 16 Meter. Man stelle sich ein fünfgeschossiges Haus vor, auf dessen Dach Schwerlastverkehr stattfindet, sich große Hafenkräne drehen und bis zu vier Eisenbahnzügen rangieren.

Die diesen Ansprüchen genügende Kajenkonstruktion wurde von Staatsbaurat Heinrich Tillmann entwickelt und auch überregional als »Bremer Mauer« oder »Tillmannsche Mauer« bekannt. Die bedeutendste Neuerung in Tillmanns Konzeption war die Anwendung der im Wasserbau noch kaum eingesetzten Betonbauweise. Bei der Bremer Mauer liegt auf einem Holzpfahlrost von senkrechten und geneigten Pfählen eine Rostplatte aus Beton von 13 Meter Breite.

Sie bildet zusammen mit der aus unbewehrtem Beton hergestellten Kajemauer eine Winkelstützwand. Die aus den Schrägpfählen herrührenden Horizontalkräfte in der Ebene der Pfahlköpfe in der Rostplatte wurden durch U-Eisen-Gurte aufgenommen.

Unterhalb der Rostplatte, die in etwa sieben Meter Tiefe unter der Kajeoberfläche liegt, befindet sich an der Wandvorderkante eine hölzerne Doppelspundwand mit zwei dazwischenliegenden Pfahlreihen. Der Zwischenraum wurde mit Unterwasserbeton bis zur

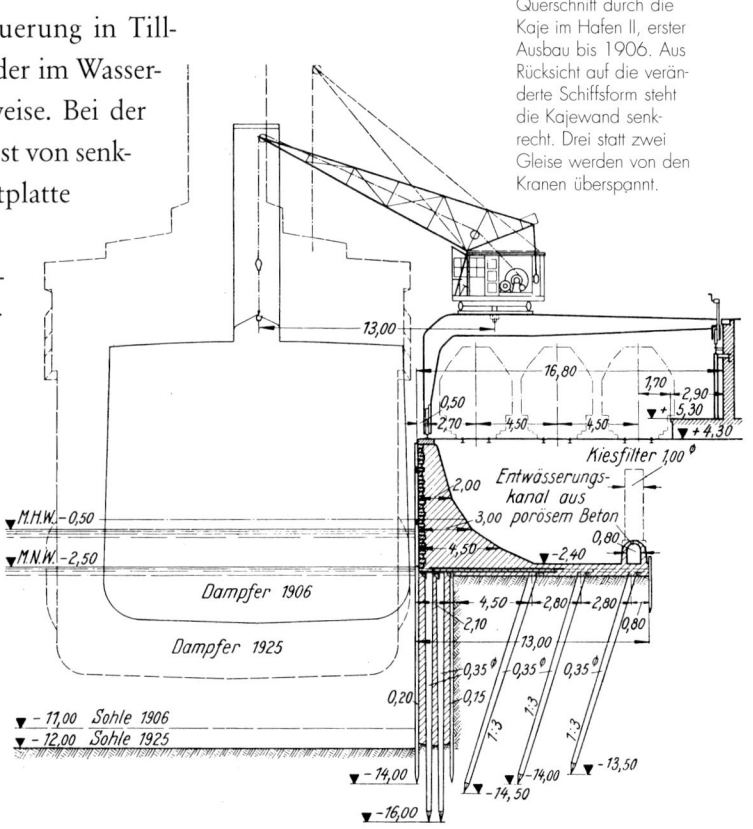

Querschnitt durch die Kaje im Hafen II, erster Ausbau bis 1906. Aus Rücksicht auf die veränderte Schiffsform steht die Kajewand senkrecht. Drei statt zwei Gleise werden von den Kranen überspannt.

Hafensohle verfüllt und bildet somit einen dichten Abschluß zum dahinterliegenden Erdreich. Durch die große Breite der Rostplatte wird der Erddruck auf die Doppelspundwand abgeschirmt; die Pfahlkräfte werden ebenfalls reduziert. Auf der Rückseite befindet sich oberhalb der Rostplatte ein gebückt begehbarer Entwässerungskanal aus porösem, wasserdurchlässigem Beton mit zusätzlichen, oberhalb angeordneten Kiesfiltern. Der Kanal ist im Abstand von rund 400 Metern durch Stichkanäle mit dem Hafenbecken verbunden. Das Entwässerungssystem soll verhindern, daß der Wasserdruck hinter der Kaje zu groß und dadurch die Standsicherheit der Kajekonstruktion gefährdet wird. Jedoch funktionierte die Entwässerung nicht immer reibungslos. Dies könnte mit ein Grund für den 1928 bei einer Routinekontrolle festgestellten teilweisen Einsturz des Kanals gewesen sein.

Zwei Maschinen bei der Arbeit: Im Hintergrund verfüllt der Schutensauger »S« am Hafenkopf, im Vordergrund der Schwemmbagger »G I« an der Südkaje, wo die Stahlanker der abgespannten Dichtungsspundwand aus dem Wasser ragen. Die eigentlichen Kajen aus Beton werden später auf dieser Hinterfüllung auf Holzpfählen stehend errichtet. Blick im August 1902 Richtung Bogenstraße, rechts der Schornstein der Jute.

Im Rahmen des zweiten Ausbaus von Hafen II in den Jahren 1911 bis 1915 wurde die Südkaje mit kleinen Veränderungen zur bisher bestehenden Strecke um 870 Meter weiter fortgeführt. Unter Berücksichtigung weiterer Vertiefungsmaßnahmen der Unterweser und der damit zu erwartenden Absenkung des Niedrigwasserspiegels wurden auch die Planungen der Entwässerungskanäle verändert. Gemäß der neuen Konstruktion verliefen sie nun nicht mehr über, sondern unter der Rostplatte, die selbst um einen Meter nach oben verlegt wurde. Weiterhin erfolgte eine Veränderung der Pfahlgründung und die Vertiefung der Rostplatte auf 15 Meter.

Die Kajemauer des dritten Ausbaus von 1924 bis 1926 wurde um ca. tausend Meter auf der Nordseite im Bereich der Schuppen 15 und 17 verlängert. Obwohl sich die Konstruktion der bis dahin ausgeführten Mauern beim ersten und zweiten Ausbau bewährt hatte, entschloß man sich, weitere konstruktionstechnische Verbesserungen und wirtschaftlich günstigere Ausführungen zu berücksichtigen. Verwirklicht wurde ein Mauerquerschnitt mit freistehendem Pfahlrost und rückwärtiger Spundwand. Auch hier sollten nur senkrechte und schräge Pfähle, aber keine Zugpfähle Verwendung finden. Die Rostplatte wurde entlang des neuen Bauabschnitts auf über 15 Meter Breite angelegt. Die Abböschung verläuft von der Hinterkante der Rostplatte bis zur Hafensohle, so daß an der Kajenvorderkante die Pfähle über eine Höhe von neun Metern freistehen. So konnten die Pfahlkräfte noch weiter reduziert und die Option für eine spätere Wasserstandsvertiefung um weitere zwei Meter ermöglicht werden. Die Unterseite der Rostplatte wurde wasserseitig nach oben geneigt, um bei ansteigender Flut ein Entweichen der Luft zu ermöglichen. Den »Pfahlwald« unterhalb der Rostplatte konnte man bei Niedrigwasser sogar einsehen.

Querschnitt durch die Kaje im Hafen II, zweiter Ausbau (1911-1915). Die auf den Pfählen liegende Rostplatte ist um ca. einen Meter höher gelegt, und der Entwässerungskanal liegt darunter. Auf der Kaje fahren die neuen Einzieh- oder Wippkrane wie die vorigen als Halbportale.

Während des Zweiten Weltkrieges wurde die Kaje an der Nordseite des Überseehafens in Höhe des 30-Meter-Versprungs durch Sprengbomben stark beschädigt und mußte in diesem Bereich erneuert werden. Bei der Planung dafür wurde die Verlegung des Versprungs um 25 Meter in Richtung zum Hafenkopf berücksichtigt. Hierdurch wurde eine bessere Ausnutzung der Schiffsliegeplätze vor Schuppen 15 und 17 erreicht. Von der vorhandenen Kaje wurden 80 Meter abgebrochen und durch eine neue Konstruktion in Stahlspundwandbauweise ersetzt. Die Kaje im Bereich des Schuppens 15 C wurde ebenfalls durch Bombeneinwirkung beschädigt. Die hölzerne Spundwand an der Rückseite der Winkelstützmauer war an einer Stelle auf 20 Meter, an anderer auf 50 Meter Länge gebrochen. Ausspülungen von Erdreich führten zu Versackungen auf der Kajenfläche. Die Reparatur erfolgte durch Rammung einer Stahlspundwand mit rückwärtiger Verankerung mittels Stahlkabeln als Ersatz für die Holzspundwand. In diesem Zusammenhang wurde die Hafensohle vor Schuppen 15 C um einen Meter vertieft, so daß Schiffe mit einem Tiefgang von zehn Metern bei Niedrigwasser dort liegen konnten.

Beim sehr stark zerstörten Europahafen wurde 1954 bis 1963 der alte Mauerwerkskörper der Kaje auf der gesamten Nordseite (insgesamt 1945 Meter) abgebrochen und durch doppelt verankerte Stahlspundbohlen ersetzt. Dabei wurde auch die Sohlenlage mit zehn Metern unter Normal Null vor der neuen Kaje so bemessen, daß das damalige Regelfrachtschiff des Weltverkehrs bei Niedrigwasser noch ausreichend Wasser unter dem Kiel hatte. Das Regel-

frachtschiff ist eine auf Lloyds Register basierende Rechengröße zur Festlegung des durchschnittlichen Tiefgangs. 1924 betrug er 8,15 Meter und steigerte sich bis 1956 auf 8,90 Meter. Auch das Wendebecken des Europahafens wurde vertieft. Die Kaje auf der Südseite war bereits in den 1920er Jahren erneuert worden, um eine größere Wassertiefe zu erhalten. Ohne die alte Kajemauer abzubrechen, entstand davor im Bereich der Schuppen 2 bis 6 ein Spundwandbauwerk. Die Kaje bis zur Hafeneinfahrt wurde im alten Zustand belassen und stürzte später an einigen Stellen ein. Zur Entlastung erfolgten daraufhin rückseitige Abgrabung und wasserseitige Vorschüttung. Durch die Maßnahmen der 1920er Jahre war das Hafenbek-

Blick über die »Baugrube 1« in das Hafenbecken während des dritten Ausbaus im Februar 1925.

Zu sehen sind die im Kopfbereich noch nicht abgeschnittenen Holzpfähle der Kajengründung.

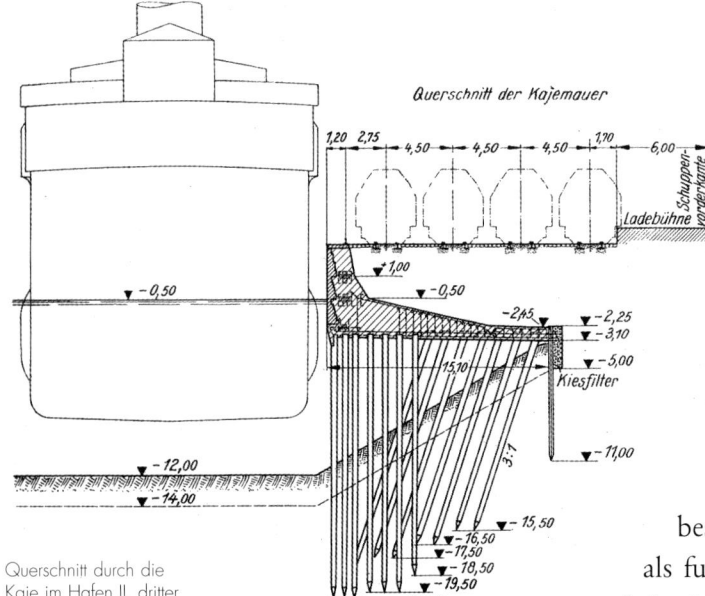

Querschnitt der Kajemauer

Querschnitt durch die Kaje im Hafen II, dritter Ausbau (1922-1929). Die Wassertiefe ist vergrößert, und im Unterbau der Kaje liegt eine schräge Böschung. Auf der Kaje ist ein weiteres Gleis hinzugekommen. Bis zur Beckenverfüllung

1998 konnten die freistehenden Pfähle in Folge der in den letzten Jahrzehnten gefallenen Niedrigwasserstände bei Ebbe »besichtigt« werden.

ken zwar um einige Meter schmaler geworden, aber die Kajefläche wurde breiter und somit besser nutzbar. Zu den bisherigen zwei Gleisen konnte – wie beim Hafen II – ein drittes dazukommen.

Diese skizzierten Kajebaumaßnahmen waren der Grund dafür, daß der Europahafen als älterer Bruder des Überseehafens von da an in einem viel besseren Zustand war und auch heute noch als funktionsfähiges Hafenbecken dient, während das jüngere nur noch Geschichte ist.

Ausrüstung der Kaje für die Schiffahrt

Die einfachsten Mittel für die Überwegung von Personen vom Schiff auf die Kaje sind Leitern und Steigeisen. Durch ihre Anordnung in Mauernischen wurden sie gegen Beschädigungen geschützt. Der Abstand der Leitern beträgt beim älteren Freihafenbecken 50 Meter (bei den Behelfsleitern 15 Meter) und 20 Meter im Hafen II. Die Treppen dienten in der Hauptsache für die Fährboote im Hafen. Im Hafen I befanden sich in einem Abstand von ca. 250 bis 300 Metern auf jeder Hafenseite vier Fährtreppen. Weil jeder Kajenmeter für den Umschlag benötigt wurde, waren sie bis auf zwei, die in rund 1100 Meter Entfernung vom Hafenkopf lagen, schon vor 1928 zugemauert worden. Beim Hafen I endeten die Treppen auf der Kaje. Das erforderliche Treppengeländer und auch das Überqueren der Gleise störte jedoch den Betrieb erheblich, denn die Kranschienen und der Leinpfad mußten für sie unterbrochen werden. Aus diesem Grund wurden beim Hafen II die Treppen schon beim Bau bedeckelt und Tunnel unter den

Gleisen durchgeführt. Die Tunnel endeten mit einer Treppe auf den freien Plätzen zwischen den Schuppen. Auch für die beiden verbliebenen Treppen im Hafen I erfolgte 1924 der Umbau nach diesem Vorbild. Beim Hafen II wurden auf der Nord- und Südseite je drei Tunnel angelegt. Sie dienten jedoch nicht für den öffentlichen Fährverkehr, der sich in diesem Hafenbecken als nicht notwendig erwies. An der Nordseite befanden sich die Tunnel zwischen den Schuppen 11 und 13, bei Schuppen 15 und 17, auf der Südseite zwischen Schuppen 12 und 14, 14 und 16 und 18. Beim Abbruch des Schuppens 14 im Frühjahr 1999 kam unterhalb der Betonsohle einer dieser alten Tunnel wieder zum Vorschein. Er war beim Wiederaufbau des Schuppens 14 nach dem Zweiten Weltkrieg von der Wasserseite zugemauert und überbaut worden.

Vom Wasser an die Kaje: schwimmende Anleger, Befestigungsmittel, Schutzeinrichtungen

Am Kopf des Hafens I lag in der Hafenachse vor dem Hafenhaus ein schwimmender Anleger von 60 Meter Länge mit einer 35 Meter langen beweglichen Brücke. Hier lagen Barkassen und Schlepper, für die an den Kajen kaum Platz freigehalten werden konnte. Bis zum Ersten Weltkrieg diente er auch der regelmäßigen Passagierfahrt auf der Unterweser, die dann aber an einen Innenstadt-Anleger verlegt wurde. Am Hafen II befand sich zunächst ein 100 Meter langer Anleger, der jedoch schon vor 1928 wegen des starken Umschlagverkehrs entlang der vollen Länge der Südkaje bis zum Hafenkopf beseitigt worden war. Als Ersatz diente eine bis zum Niedrigwasser reichende Treppe am Kajerücksprung zwischen Schuppen 13a und 15.

Die Kaje ist das Herzstück des Hafens. Hier wird unter öffentlicher Anteilnahme ein Borgward verladen.

Drangvolle Enge in den stadtbremischen Hafenbecken in den 1920er Jahren. Der Schutz der Kajenmauern und Schiffsrümpfe hat dabei eine große Bedeutung. In der Bildmitte ein schwimmender Getreideheber.

Für die Befestigung kleinerer Fahrzeuge wurden Bootsbügel oder Ringe im Abstand von ca. 30 Metern angeordnet, und zwar mehrere übereinander, um die verschiedenen Wasserstände auszugleichen. Beim dritten Ausbau des Hafens II wurden sogenannte Haltekreuze beidseitig der Leitern vorgesehen. Weil sich die herausstehenden Köpfe der Reibepfähle zur Aufnahme stärkerer Kräfte nicht bewährt hatten, wurden zum Festmachen der größeren Schiffe im Hafen I gußeiserne Poller eingebaut. Die Poller waren in der Anfangszeit auf bis zu 60, später auf bis zu 100 Tonnen Trossenzug ausgelegt. Sie standen im Hafen II zunächst 30 Meter auseinander, bevor sie im Zuge des dritten Ausbaus auf 15 Meter zusammenrückten. Um die Kajemauern gegen beschädigende Berührung durch die Schiffsrümpfe zu schützen und zugleich die Schiffskörper vor Beschädigungen zu wahren, wurden sogenannte Reibpfähle oder -hölzer auf dem Mauerwerk montiert. Im Hafen I standen bis zur späteren Hafenvertiefung Reibpfähle. Sie bestanden aus leicht geneigt in die Hafensohle eingerammten Holzstämmen, die oben an der Mauer mit Halseisen befestigt wurden. Der Pfahlkopf ragte einen Meter über die Kaje hinaus und wurde mit einer gußeisernen Haube, der sogenannten Pollerhaube, zur Befestigung der Schiffe versehen. Die Pollerhauben waren Vorläufer der späteren Mauerpoller. Reibpfähle besaßen neben dem Vorteil hoher Elastizität den Nachteil kostspieliger Unterhaltung.

Reibhölzer waren senkrechte Kanthölzer, die im Abstand von 4,70 Meter auf das Mauerwerk gesetzt wurden. Zwischen ihnen lagen je Feld zwei waagerechte Kanthölzer. Reibhölzer wurden beim ersten und zweiten Ausbau des Hafens II eingesetzt und auch nach der 1924 erfolgten Vertiefung der Südseite von Hafen I. Da jedoch in den meisten englischen und überseeischen Häfen die Kaimauern keinen Schutz hatten, wurden auch in Bremen beim dritten Ausbau des Hafens II keine Hölzer mehr eingebaut. Der Schutz der Mauern war damit den Schiffen und ihren Reedern übertragen worden, und zwar ohne daß diese sich in irgendeiner Weise dagegen hätten wehren können. Wenn ihre Bordwand un-

Fast allen Bremern ein guter Bekannter: der inzwischen restaurierte »Friedrich« vor dem neuen Schuppen 13a. Links eine Fährtreppe mit Tunnel unter einem Kajegleis, Foto von 1928.

versehrt bleiben sollte, mußten sie sich nun selbst um geeignete Fender bemühen. Reibhölzer sind beim Einsatz von Fendern sogar hinderlich, weil diese abrutschen und unterhaken können. Zumal sind auch Reibhölzer wie Reibpfähle sehr kostenintensive Schutzvorrichtungen, und ihr Wegfall war auch das Ende zahlreicher Streits zwischen den Hafenbehörden und den Schiffseignern über Entschädigungen, die an den Reibvorrichtungen seitens der Schiffe verursacht worden waren. Da beim dritten Ausbau auf Schutzvorrichtungen an der Kajewand verzichtet wurde, konnte für die Verblendung nicht mehr rheinischer Säulenbasalt verwendet werden. Seine Oberfläche ist für die Fender an der Bordwand der anlegenden Schiffe zu rauh. Statt dessen wurde teils Hartbrandstein, teils Oberkirchner Sandstein vermauert.

Auf der Kaje: Leinpfade, Kajenfläche, Kajengleise

Zwischen der Kajenkante und der wasserseitigen Kranbahnschiene verläuft der Leinpfad. Die Breite dieses Pfads zum Festmachen der Schiffe betrug beim Hafen I und auch noch beim Hafen II im ersten und zweiten Ausbau lediglich 0,5 Meter. Beim dritten Ausbau des Überseehafens im Bereich der Schuppen 15 und 17 ab 1927 wurde der Leinpfad auf 1,20 Meter verbreitert. Bei der erneuerten Nordkaje des Hafens I wurde die Breite nochmals auf 1,75 Meter erhöht. Somit entsprach das sich ergebende lichte Maß von 1,25 Meter den »Empfehlungen des Arbeitsausschusses ›Ufereinfassungen‹. Auf der Südseite des Überseehafens wurde in den 1970er Jahren im

Die gelöschte Schiffsladung wartet auf den Abtransport per Schiene.

Bereich der Schuppen 16 und 18 auf einer Länge von ca. 900 Metern die alte Betonkaje an der Wasserseite um einen Meter vorgeschuht, um auch dort einen ausreichenden Leinpfad zu erhalten. Dazu wurde der Kajenkopf im Normalbereich etwa 0,75 Meter und im Pollerbereich um 1,50 Meter abgebrochen und durch eine neue, auskragende Stahlbetonkonstruktion mit eingebundenen Kantenpollern ersetzt. Um ein Unterhaken der Schiffe unter die Kragplatte zu vermeiden, erfolgte im Abstand von etwa fünf Metern wieder die Montage stählerner Reibpfähle.

Die Kajenfläche zwischen Leinpfad und Kajenschuppen wurde im Laufe des Hafenausbaues ebenfalls weiterentwickelt. Im Jahre 1888 befanden sich im Hafen I auf der unbefestigten Kajefläche zwischen der Kranschiene und der Schuppenrampe zwei Gleise. Sie waren am Anfang und Ende des Hafenbeckens mit dem Bahnhof verbunden. Zwischen den Gleisen ragten Weichenhebel aus der Kajenfläche und standen kleine Winden zum Bewegen der Waggons per Seilzug. In der Konzeption des Hafens II wurde die Gleiskapazität des »Eisenbahnhafens« Bremen noch verbessert, und auf den Kajen verliefen hier drei Gleise. Der Abstand der Verbindung der wasserseitigen Gleise zu den landseitigen Bahnhöfen betrug jetzt nur noch rund 500 Meter. Eine wichtige Neuerung war ferner, daß die Kajefläche nun leicht ausgepflastert und zur Entwässerung mit einem Kanalsystem ausgestattet wurde. Beim dritten Ausbau des Hafens II im Jahre 1927 wurden im Bereich der Schuppen 15 und 17 sogar vier Gleise auf der Kajefläche vorgesehen. Der Kajenbetrieb in den nachfolgenden Jahren hat jedoch gezeigt, daß durch das zusätzliche Gleis keine Umschlagssteigerung erzielt werden konnte. Beim Ausbau der Kajenfläche bei Schuppen drei im Europahafen im Jahre 1956 wurden deshalb nur drei Gleise eingebaut.

Gewichtheber im Hafen: die Krane

Die Entwicklung der Hafenkrane geschah in Anpassung an den allgemeinen Fortgang der sich mitunter schnell wandelnden Hafen- und Schiffsentwicklung. Bei den an der Schlachte ab etwa 1250 belegten »Wuppen« handelte es sich um handbetriebene hölzerne Hebewerkzeuge. Der Lösch- und Ladeplatz an der Holzpforte, der heutigen Tiefer, diente zum Be- und Entladen von Oberweserfahrzeugen und war mit zwei Handkranen von 1,5 Tonnen Tragkraft ausgerüstet. An der Ufermauer vor dem 1857 erbauten Zollschuppen standen drei weitere Krane von gleicher Tragkraft, von denen einer bereits mit einem Gasmotor betrieben wurde. Im Sicherheitshafen gab es vier ortsfeste Uferkrane mit Handbetrieb für Traglasten bis zu 4,5 Tonnen. 1874 kamen zwei fahrbare Dampfkrane mit je 1,5 Ton-

Die Kaje in Hafen I mit der originalen Kranbestückung. Unterhalb der Hiev ist rechts im

Bild ein Spill zum Bewegen der Waggons ohne Rangierlokomotive zu sehen.

nen Tragfähigkeit hinzu, und einige Jahre später erfolgten Schuppenneubauten, an denen mit Gasmotoren angetriebene Windeböcke montiert wurden. Am 1859 eröffneten Weserbahnhof waren diverse unterschiedliche Krane im Einsatz: Handkrane und Kranböcke mit Gasmotor (bis zu 1,5t), ein Handkran (24t), fünf eiserne Handrane (1,5t) und ein Dampfkran (2t). An der stromabwärtigen Verlängerung des Weserbahnhofs befanden sich fahrbare, mit Gasmotor getriebene Uferkrane, die auf drehbaren Fahrgestellen und Gleisen liefen. Sie hatten eine Ausladung von 9,50 Meter vom Drehzapfen und konnten bis zu 7,50 Meter über die Kajenmauer reichen.

Die erste ausgiebige Bestückung mit Uferkranen fand aber erst mit Errichtung des Freihafens statt. Zum ersten Mal wurden verfahrbare, mit Druckwasser als Antriebsmittel versorgte Uferkrane aufgestellt. Sie hatten eine Tragfähigkeit von 1,5 Tonnen, eine Ausladung von 9,30 Meter (bei späteren Ausführungen 11,50 Meter) und eine Hubhöhe von 16,50 Meter. Für größere Lasten stand ein ortsfester, ebenfalls hydraulisch betriebener Kran mit zehn Tonnen Tragfähigkeit zur Verfügung. Bewegt wurden die Krane durch druckwasserbetriebene Spillanlagen, die auf der Kaje standen und auch zum Rangieren der Waggons auf den Kajegleisen dienten. Die hydraulische Anlage trieb insgesamt 167 einzelne Maschinen und zusätzlich 34 »Strahlapparate« der Feuerwehr an.

Das Problem einer Hydraulik als Grundlage der Energieversorgung ist, daß die Maschinenanlage mit allen Rohrlängen

Hafenarbeiter an der Schlachte posieren neben einem eisernen Handdrehkran. Der Umschlag endete hier endgültig im Jahre 1899. Schon 1886, etwa sechs Jahre nach der Entstehung dieser Aufnahme, war ein Stück der oberen Schlachte eingestürzt und nicht wieder hergestellt worden.

Der Weserbahnhof, von der Eisenbahnbrücke aus gesehen. Vorn rechts stehen ein Handdrehkran mit 24 Tonnen und ein elektrischer Drehkran mit zwei Tonnen Tragkraft. Ferner gab es auf der Anlage zwölf 1,5-Tonnen-Kra- ne, von denen sechs durch Handdrehen, drei durch Gasmotoren und drei elektrisch betrieben wurden sowie einen ebenso starken Bockkran und ein Wandkran für bis zu einer halben Tonne schwere Lasten.

und Durchmessern von vornherein auf die maximale Ausnutzung zu konzipieren ist. Druckwasseranlagen sind nur unter sehr großem Aufwand erweiterungsfähig. Im Hafen I fiel dies nicht ins Gewicht, da er in einem Zug voll ausgebaut worden war. Bei Hafen II war das anders. Nur die ersten 600 Meter des 1700 Meter langen Beckens waren mit Kajen eingefaßt. Für die Zukunft konnte man nicht sicher vorausplanen, und die Diskussion um die Energiefrage endete mit der Entscheidung gegen Druckwasser und für eine elektrische Kraftversorgung. Die Krane und andere Kraftmaschinen wurden mit Gleichstrom von 440 Volt betrieben. Bei Einweihung

des Überseehafens 1906 standen 32 Kajenkrane mit je 2,5 Tonnen Tragkraft für den Umschlag zur Verfügung. Ihre Konstruktion wich vollständig von der bisherigen in Hafen I ab. Weil nun drei statt zwei Kajegleise zu überbrücken waren, betrug die Entfernung des Lasthakens vom Drehpunkt nun 16 Meter (zehn Meter im Hafen I). Eine wichtige Neuerung war ferner, daß durch Verbindung des Kranführerhauses mit dem schwenkbaren Ausleger der Kranführer die Last ununterbrochen im Blickfeld hatte. Um sowohl schmalere und breitere Schiffe gleichmäßig gut bearbeiten und auch besser den Aufbauten ausweichen zu können, wurden die Ausleger verstell-

Ein Schwimmkran setzt einen Halbportalkran vor dem neuen Schuppen 13a ab. Der Segler im Hintergrund liegt an der neuen Nordkaje, die ohne Schuppen und Krane noch nicht für den Umschlag fertig ausgerüstet ist. Foto nach 1928.

bar eingerichtet. Die Auslegerweite war um drei Meter varia-
bel. Dies konnte jedoch nur in Ruhestellung geschehen und
dauerte jeweils mehrere Minuten. Deshalb wurde nach dem
Ersten Weltkrieg erfolgreich versucht, Krane zu entwickeln,
die während des Betriebes den Ausleger verstellen konnten.
Dies bedeutete, daß die Last nun nicht mehr wie bisher, nur
kreisförmig geschwenkt werden konnte, sondern auch in el-
liptischer Bahn. Dadurch wurde ein enges Zusammenstehen
der Krane ermöglicht, die von da ab zu dritt beim Löschen
einer Schiffsluke eingesetzt werden konnten. Es wurden nach
einer erfolgten Ausschreibung zunächst fünf Probekrane aufgestellt. Nach bestandenen Tests und deutlich verkürzten Lie-
gezeiten wurden weitere angeschafft. Diese Kranart, zu der
Bremen den Anstoß gab, wurde als Einzieh- oder Wippkran

Blick auf einen Schup-
pen im Hafen I. Obere
Kranlaufschiene und

Rampe sind über die
Schuppenfront hinaus-
geführt.

bekannt, weiterentwickelt und später auch in anderen Häfen eingesetzt. Die Verstellbarkeit betrug elf Meter (zwischen sechs und 17 Metern).

Die Krane für den dritten Ausbau des Hafen II, im Bereich der Schuppen 15 und 17, mußten vier Gleise und eine verbreiterte Laderampe von 6,50 Meter überspannen. Auch die Ausladung sollte zwischen sechs und 19,50 Meter verstellbar und somit noch effektiver sein. Die Tragfähigkeit des Regelkrans wurde beim Hafen II ab den 1920er Jahren auf drei Tonnen erhöht. Zwischen ihnen standen vereinzelt auch Krane mit fünf Tonnen Tragkraft, die überdies besser für Greiferbetrieb geeignet waren. Die Regelkrane konnten bei größeren Einzellasten zu zweit arbeiten. Da sich die Einziehkrane gut bewährten, wurden auch ältere Krane mit verstellbaren Auslegern ausgerüstet. Einige davon kamen Ende der 1920er Jahre in den Hafen I, wo auf dem erneuerten Teil der Südkaje nun auch drei Gleise zu überspannen waren. Somit war es möglich geworden, im Bedarfsfall per Schwimmkran die Krane zwischen den beiden Freihafenbecken zu tauschen.

Im Zweiten Weltkrieg wurde ein Großteil der Krane zerstört. Nahezu alle Druckwasserkrane auf der Nordseite des Hafens I mußten abgewrackt werden. Die Pumpenzentrale und die Druckrohranlage waren ebenfalls zerstört und eine Wiederherstellung ausgeschlossen. Die Schäden im Hafen II im Bereich der Schuppen 15 und 17 waren nur geringen Umfangs. Somit konnten nach verhältnismäßig geringen Instandsetzungsarbeiten mit diesen Kranen die amerikanischen Nachschubfrachter gelöscht werden. Da zur damaligen Zeit Neuanschaffungen so gut wie ausgeschlossen waren, mußten

Sauber und hochmodern: Hafen II wurde von Anfang an mit Elektrizität versorgt. Generatoren im Maschinenhaus der BLG an der Cuxhavener Straße. Foto von 1909.

Die ersten Freihafenkrane überspannten das Lichtraumprofil von zwei Eisenbahnwaggons. Im Tunnel unter der Kaje verliefen die Druckwasserleitungen für den Antrieb der Krane und anderer Kraftmaschinen.

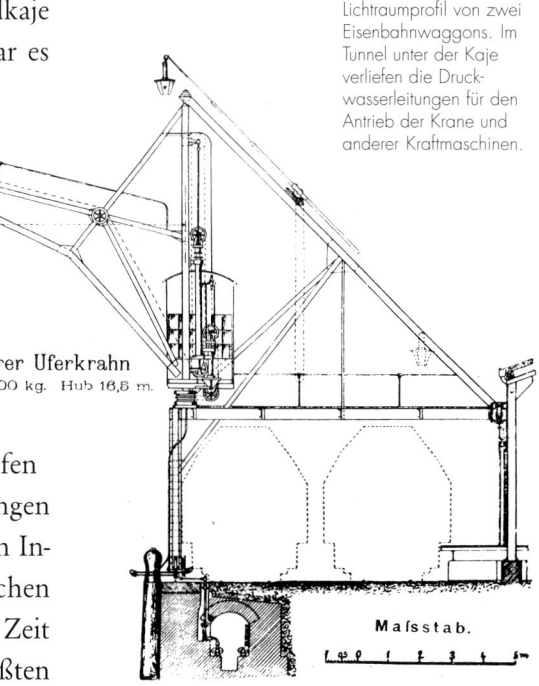

Fahrbarer Uferkrahn
Tragkraft 1500 kg. Hub 16,6 m.

Maßstab.

Nach dem Krieg kamen im Überseehafen mobile, für Umschlag und Baumaßnahmen gleichermaßen geeignete Straßenkrane zum Einsatz. Foto vom neuen Freilagerplatz zwischen Schuppen 13 und 15, 1951.

die übrigen beschädigten Krane durch Reparatur wieder zur Funktion gebracht werden. Wegen erschwerter Ersatzteilbeschaffung zog sich die vollständige Instandsetzung über die Währungsreform 1949 hinaus. Um den Kostenaufwand bei den Reparaturen so gering wie möglich zu halten, wurde zunächst, trotz allmählicher Umstellung der Hafenelektrik auf Drehstrom, die Gleichstromausrüstung für die Krane behalten. Bei Schuppen 15 gab es sogar noch in den 1970er Jahren mit Gleichstrom betriebene Krane.

Beim Wiederaufbau erfolgte auch die Verbesserung der Krankonstruktionen. Es wurden neuartige Dreiradportale entwickelt. Sie hatten einen schmalen Sporn als Brücke, die dadurch das Absetzen und Aufnehmen von Kranlasten nicht mehr behinderte und die Übersicht für den Kranführer wesentlich verbesserte. Ein weiterer Vorteil dieser Dreibeinkrane war, daß sie eine statisch bestimmte Auflage hatten und somit auch auf schlecht gegründeten Kranbahnen arbeiten konnten. Aus diesem Grunde war der Bau von flach gegründeten und somit kostengünstigeren Kranbahnen möglich geworden.

Die letzte große Modernisierung brachte seit Mitte der 1970er Jahre die Neubestückung des Überseehafens mit Kranen der Bremer Firma Kocks. Sie ersetzten die alten Halbportalkrane, und nur vor Schuppen 15 und 17 wurden später Vollportalversionen errichtet. Hier standen die Krane also fortan selbständig auf der Kaje und nicht mit »einem Bein« an der Schuppenoberkante abgestützt. Beide Ausführungen kamen im gesamten Hafen zum Einsatz und prägten mit ihrem typischen Blau der Führerkabinen und dem Grau der Ausleger und Portale das Kajenbild.

Im Überseehafen gab es bis 1991 noch 61 Krane mit einer Tragkraft zwischen drei und acht Tonnen. In der Folgezeit wurden sie nach und nach in andere Becken umgesetzt, verkauft oder verschrottet.

Blick von der Kranbrücke entlang der oberen Kranschiene von Schuppen 13a im September 1928. Links die Krane bei Schuppen 16.

Athlet II und III packen gemeinsam zu. Foto vom Schwergutumschlag im Europahafen

Anfang der 1970er Jahre. Im Hintergrund das Verwaltungsgebäude im Überseehafen.

Für besonders schwere Lasten wurden Schwimmkrane eingesetzt. Bereits während des Baus von Hafen I war ein dampfbetriebener 40-Tonnen-Kran angeschafft worden und für Hafen II ein leichterer mit zwölf Tonnen, der aber bereits mit eigenem Antrieb mit zwei Schrauben ausgerüstet war. Für schwere Lasten kam der 100-Tonnen-Schwimmkran der A.G. »Weser« in die Freihäfen. Bis zum Zweiten Weltkrieg standen in Bremen sieben Schwimmkrane und zusätzlich ein 150-Tonnen-Kran, der für Rüstungszwecke von Kiel nach Bremen verlegt worden war, zur Verfügung. Nach 1945 war nur noch ein 60-Tonnen-Kran einsatzfähig. Der 150-Tonnen-Kran lag im Getreidehafen auf Grund, konnte aber gehoben und repariert werden. Er wurde modernisiert und paßte nach Umbau des Pontons auch durch die Industriehafenschleuse. Somit stand den stadtbremischen Häfen wieder ein leistungsfähiger Schwimmkran zur Verfügung, der in das Eigentum der A.G. »Weser« überging. Im Oktober 1962 traf ein neuer, bei Krupp-Ardelt in Wilhelmshaven gebauter 100-Tonnen-Schwimmkran im Überseehafen ein und erhielt den Namen »Athlet«.

Nachdem 1970 die beiden baugleichen 100-Tonnen-Schwimmkräne Athlet II und III der Firma Kocks ausgeliefert worden waren, wurde er nach Bremerhaven verlegt und vor kurzem in die Niederlande verkauft. Liegeplatz der neuen Athleten blieb der Kranhafen am Ende von Schuppen 17, heute im Kopf des Neustädter Hafens.

In den 1950er Jahren wurden einige Straßenkrane als Ersatz für die schienengebundenen Speicherkrane angeschafft. Diese konnten universell an der Kaje und auch bei Bauarbeiten eingesetzt werden.

Drehscheibe des Warenumschlags: die Kajeschuppen

Das abwertende Wort »Schuppen« wird dem Gebäudetyp, den es bezeichnet, keinesfalls gerecht. Hinter einem Hafenschuppen verbirgt sich vielmehr ein hochtechnisiertes, mit umfassenden Feuerschutzeinrichtungen versehenes Gefüge aus Lager- und Förderfläche samt angegliederten Räumen für Verwaltung und Zollabfertigung und mit Anschluß an Bahngleise und Lkw-Verkehr. Auch die Bremer Kaischuppen, hier traditionell »Kajeschuppen« genannt, hatten eine lange Entwicklung hinter sich und mit den kleinen und bald unzureichenden Bauten für den ersten Umschlag im Sicherheitshafen so gut wie nichts mehr gemeinsam.

Im Fachjargon der Hafentechnik finden sich ganz unterschiedliche Namen für Hafenschuppen, ohne daß dem konstruktive Abweichungen zu Grunde lägen. So heißen sie »Stückgutschuppen«, »Durchgangsschuppen« oder einfach nur »Kajeschuppen«. Ein Bremer Regierungsbaumeister begann seinen Beitrag über Umschlagschuppen in den bremischen Seehäfen im »Deutschen Bauwesen« (III/12, Dez. 1927) mit einer treffenden Wortbildung: »Die Umschlagschuppen der Seehäfen sind Nutzhochbauten reinster Art. Sie bilden den ›Ausgleichsbehälter‹ für die Güter beim Übergang vom Transportmittel des Binnenlandes auf das Seeschiff und umgekehrt.« Für die Waren der ausgehenden Schiffe dienten die Schuppen als Sammelplatz, für die Waren der ankommenden Schiffe als Ort für das Verteilen, Stapeln, Ordnen und Kontrollieren. In Bremen wurden durch das ehemalige Hafenbauamt und seine Vorgängerbehörden – im Gegensatz zu den privaten in Bremerhaven – staatlicherseits Schuppen und Speicher errichtet. Der Grund dafür war der Umstand, daß sich

99

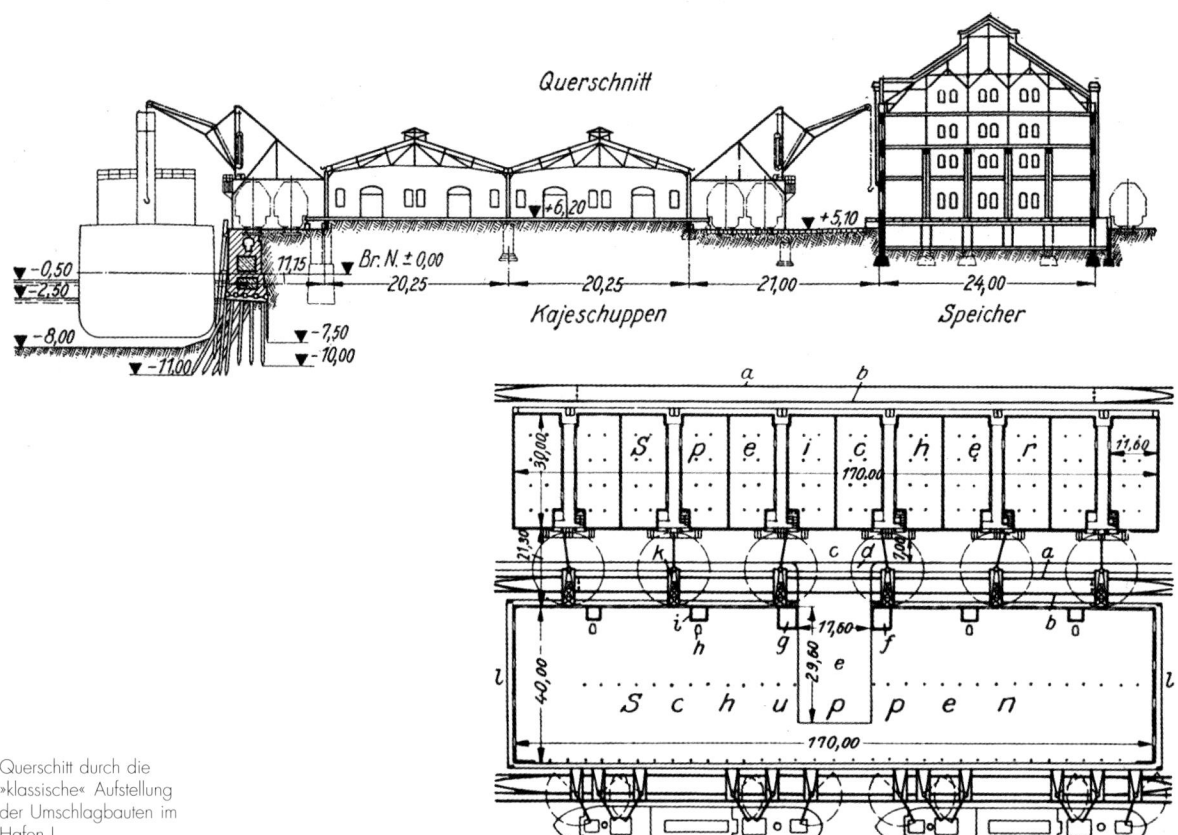

Querschnitt

Kajeschuppen

Speicher

Querschitt durch die
»klassische« Aufstellung
der Umschlagbauten im
Hafen I.

Umschlag und Bewirtschaftung in einer Zuständigkeit, nämlich in der Hand der BLG befanden.

Die Waren, in der Regel das Stückgut, gelangten im Hafen
nur vorübergehend in die Schuppen, wo sie nur drei Tage von
Lagergeld befreit waren. Was längere Zeit im Hafenbereich
eingelagert werden sollte, kam in die Speicher. Zur optima-
len Anordnung und Entfernung der Schuppen von der Kaje
und zu den Speichern waren bereits in der Planungsphase für
Hafen I umfangreiche Studien erstellt worden, für die auch
Analysen anderer Häfensituationen berücksichtigt wurden.

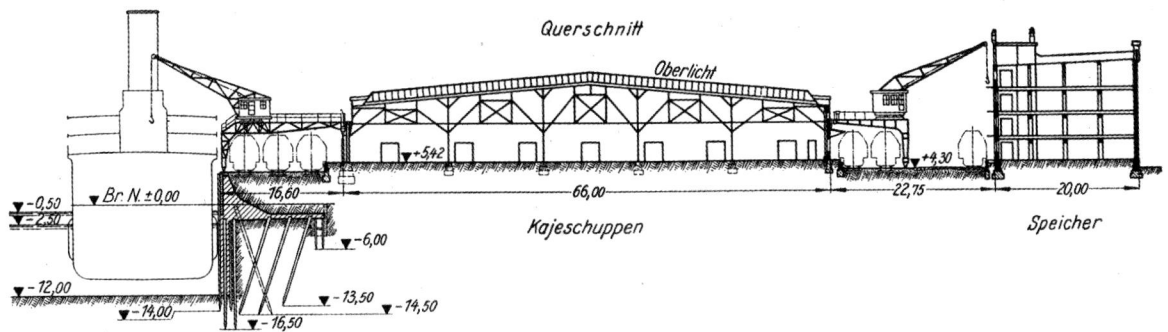

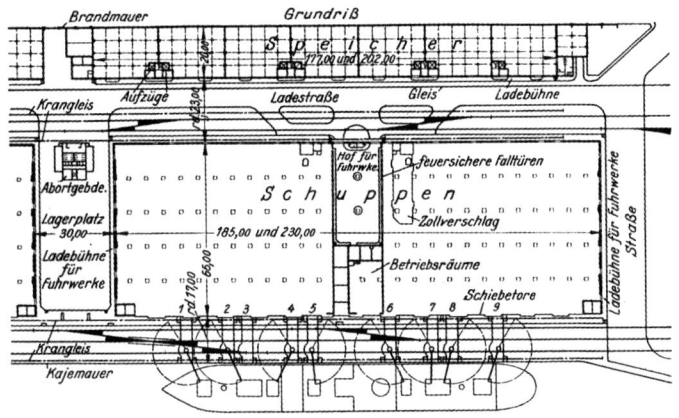

Querschitt durch Kaje, Schuppen, Speicher XI im Hafen II, erster Ausbau.

Franzius hatte für den Bau des Freihafens einen Querschnitt entwickelt, der bald als »klassisch« bezeichnet wurde. Zum Standard geworden und gelegentlich auch »Bremer System« genannt, findet er sich in vielen Häfen der Welt wieder. Der Querschnitt zeigt folgende Gliederung: Eingeschossige Kajeschuppen wurden entlang den Kajen erstellt und mehrgeschossige Speicher landseitig hinter ihnen angeordnet. Zwischen Schuppen und Speicher führte eine Fahr- und Ladestraße entlang. Je zwei Gleise für Zustellung und Löschen bzw. Laden der Schiffe und Fuhrwerke befanden sich wasser- und landseitig der Schuppen. Bei den Speichern wurden zwei weitere Gleise landseitig angeordnet. Auf der Kaje und zwischen Schuppen und Speichern standen fahrbare Krane.

Beim Hafen II im Bereich der Schuppen 11 und 13 wurde diese »klassische« Gliederung mit einigen Abweichungen übernommen. Die deutlichste Veränderung war das Anwachsen der Schuppentiefen. Beim Bau des Hafens waren bereits drei statt zwei Gleise auf der Kaje angeordnet worden; beim dritten Ausbau kam ein viertes hinzu. Bei den anderen im Hafen II errichteten Schuppen (12, 14, 15, 16, 17) wurden aus Platz- und Planungsgründen keine rückwärtigen Speicher hergestellt.

Der Schuppen als maßgeschneiderter Zweckbau

Bei den Kajeschuppen handelte es sich um reine Zweckbauten, für deren äußere und innere Gestaltung ausschließlich betriebliche Erfordernisse im Vordergrund standen. Planungsgrundlagen waren die Weiträumigkeit der Schuppenfläche, eine großzügige lichte Höhe bis zur Dachkonstruktion, eine feuersichere Ausführung und das alles verbunden mit möglichst geringen Herstellungs- und Unterhaltungskosten.

Die Schuppengröße richtete sich nach den Schiffsgrößen, die an der Kaje anlegen konnten. Da diese stetig anwuchsen und die Beckentiefen der Häfen dieser Entwicklung zwangsläufig folgen mußten, waren in entsprechender Weise auch die Schuppenflächen zu erweitern.

Beim Bau des Hafens I wurden die Schuppen noch in einer Tiefe von ca. 40 Metern und einer Länge von ca. 170 Metern errichtet; beim Hafen II bereits mit einer Tiefe von bis zu 65 Metern und einer Länge bis zu 230 Metern in der ersten Generation (später bis zu 400 Meter lang). Angestrebt wurde die Unterbringung einer vollständigen Schiffsladung im Schuppen. Da die Schuppentiefe jedoch aus betrieblichen Gründen nicht beliebig vergrößert werden konnte, wurden im Laufe der Jahrzehnte die Schuppen länger als die möglichen Schiffslängen ausgeführt. Somit konnten auch zwei oder mehr Schiffe vor einem Schuppen entladen und bei Bedarf der gesamte Schuppen durch die Ladung eines Schiffes belegt werden.

Bremen war weltweit einer der wichtigsten Baumwollhandelsplätze. Die Umschlagbedürfnisse dieses Rohstoffs spielten bei der Schuppenkonzeption eine wichtige Rolle. Die Grundfläche sollte mindestens so groß sein, daß sie die Ladung eines Baumwolldampfers der damals üblichen Abmessungen aufnehmen konnte, und zwar ohne die Ballen stapeln

Blick vom Hafenkopf entlang der Marcuskaje und auf die östliche

Giebelseite des verlängerten Schuppens 12. Foto um 1924.

zu müssen. Diese Forderung diente der bequemen Probenziehung. Damit auch die weitere Besichtigung der Ballen und
anderen angelandeten Waren problemlos vonstatten gehen
konnte, sah die Dachkonstruktion großflächige Oberlichte
zur günstigen Ausbreitung der Tageshelligkeit im Schuppen
vor. Die Oberlichte hatten einen Flächenanteil von bis zu einem Drittel der Dachfläche. Bei der überschläglich berech-
neten Schuppengröße wurde auf einen Quadratmeter Schuppenfläche eine Ladung von einer bis zweieinhalb Tonnen, zuzüglich 12 bis 15 Prozent der Fläche für Karrwege, Waagen
usw. angesetzt. Weiterhin war zu berücksichtigen, wieviel Ladung auf die Einfuhr und wieviel auf die Ausfuhr entfiel und
welche Menge in den Schuppen zwischengelagert werden
sollte. Auch spielte die Anzahl und Leistungsfähigkeit der Um-
schlaggeräte eine Rolle. Eine Übersicht über die Ausnutzung
des Lagerraumes gibt die Anzahl der Tonnen, die in einem
Jahr auf einem Quadratmeter Schuppenfläche liegen. In den
deutschen Seehäfen der 1950er Jahre betrug diese bei Stück-

gut rund acht Tonnen je Quadratmeter. Die Leistungsfähigkeit der Kajen
konnte mit ca. 300 bis 500 Tonnen
je Meter Kaje (t/mK) angesetzt werden.
Der Hafen II erreichte bereits 1926 eine
Umschlagskapazität von 560 t/mK
und übertraf damit den Hafen I, der
1923 ein sehr gutes Ergebnis mit 420
t/mK erzielt hatte.

Die Grundrißform der Schuppen
war das Rechteck. Es hatte sich für
die Innenaufteilung und auch hinsichtlich der Baukosten vom ersten
Ausbau des Hafens I bis zum letzten,

Ein Lkw biegt aus dem heute noch fast unverändert bestehenden Ladehof von Schuppen 15 in die Eduard-Suling-Straße. Rechts im Hintergrund das Ottilie-Hoffmann-Haus.

1990 im Überseehafen errichteten Schuppen 16 B (»Blaue Halle«) bewährt. Durch Einführung der Gleisverbindungsstränge, welche die Kajegleise mit den an der Rückseite der Schuppen liegenden Gleisen verbinden, erhielten auch die Schuppengrundrisse an den Enden eine der Gleisführung angepaßte, einseitig spitz zulaufende Form. Dieser Grundriß ist noch heute beim Schuppen 15 im Überseehafen und bei Schuppen 1 und 3 im Europahafen zu finden. Die abgeschrägten Längswände ergaben durch die Neigung der Satteldächer einen ansteigender Dachanschnitt. Um diese »schiefe« Ansicht zu verdecken, wurden teilweise die Außenwände im Bereich des Anschnittes als Sichtblende über Traufhöhe geführt. Dies ist noch bei Schuppen 3 im Europahafen zu sehen.

In den Schuppen selbst stellten die Zwischenstützen ein Betriebshindernis dar. Durch modifizierte Hallenkonstruktionen konnte die Weiträumigkeit der Schuppenfläche, also der Dachflächenanteil pro Innenstütze, im Laufe der Jahrzehnte vergrößert werden. Bei den Schuppen 1 und 3 aus dem

Tabak soweit das Auge reicht. In Bremen wird traditionell viel Rohtabak umgeschlagen. Der einzige Ort, wo auf dem Kontinent Ware aus Indonesien gehandelt wird, ist bis heute die Bremer Tabakbörse im Freihafen. Ein 70-Kilo-Ballen Sumatra-Tabak zur Herstellung von Zigarren-Deckblättern entspricht dem Wert eines Kleinwagens.

Jahre 1887 entfiel z.B. auf eine Innenstütze im besten Falle eine Grundfläche von 95 Quadratmetern. Bereits beim 1927 erbauten Schuppen 13a, der nach 1945 nicht wiederaufgebaut wurde, konnte ein Grundflächenanteil von 300 Quadratmetern erreicht werden. Dieses Verhältnis wurde bei den Nachkriegsschuppen auf weit über 400 Quadratmeter vergrößert. Die lichte Höhe der Schuppen wuchs mit den immer leistungsfähigeren Schuppengeräten zum Fördern und Heben auf sechs Meter. Die Dachausbildungen zeigten ebenfalls die Fortentwicklung in der Bautechnik der Schuppen. Die Dächer veränderten sich von den ursprünglichen Zwillingsdächern (zweimal 20 Meter Stützweite) mit parallel zur Kaje verlaufender Firstrichtung über ein Satteldach mit nur einem First zu den heute zum Teil noch vorhandenen flacher geneigten Dächern mit quer zur Kaje verlaufenden sattelförmigen Oberlichtbändern mit kittloser Verglasung. Die Firsthöhen wurden in Abhängigkeit von der Schuppentiefe und der Firstrichtung entsprechend vergrößert (bis zu zehn Metern) und bestimmten das äußere Erscheinungsbild der Schuppen. Die Fußbodenhöhe der alten Schuppen liegt 1,13 Meter über Schienenoberkante in Höhe der Plattformen der Bahnwaggons bzw. Fuhrwerke

Über die Schuppen hinaus aufgeständerte Kranlaufschienen und fortgeführte Rampen dienten der besseren Beweglichkeit des Umschlags.

und Lkw. Sie werden darum auch als Rampenschuppen bezeichnet. Für die Abfertigung von Baumwolldampfern wurde beim Hafen I auf der nördlichen Seite Schuppen 9 mit schrägem Fußboden errichtet. Auf der Wasserseite lag er auf Kajenhöhe und auf der Landseite auf Rampenhöhe. Diese Bauart bewährte sich jedoch nicht.

Um noch größere betriebliche Beweglichkeit zu erhalten, wurden bei den meisten Schuppen die wasserseitigen Laderampen und die oberen Kranlaufschienen über die Front hinaus verlängert. Die oberen Kranlaufschienen einiger Schuppen wurden aufgeständert und bis zum Nachbarschuppen fortgeführt, so daß sich Krangruppen noch variabler zusammenstellen und verfahren ließen.

Steuerungszentrale des Schuppens: das Betriebsgebäude

Anfänglich gab es in den Schuppen kleinere Einbauten, in denen die anfallenden Verwaltungsarbeiten erledigt wurden, sich die Pausenräume für die Belegschaft befanden oder der Zoll ein Büro unterhielt. Im Laufe der Zeit entwickelten sich wegen des wachsenden Raumbedarfs diese »Buden« zu eigenständigen Bauteilen des Schuppens, den Betriebsgebäuden. Bei den neuen Schuppen gab es je ein unterkellertes und bis zu vier Geschossen hohes Betriebsgebäude pro Abteilung. Die Gründe für den ansteigenden Platzbedarf lagen in der vermehrten Arbeit mit der Abfertigung der Warenpapiere, der stärkeren Verlagerung des Bürobetriebes in die Schuppen, dem Mehrschichtbetrieb und den gestiegenen Anforderungen an Größe und Qualität der Räume. Dies alles konnte sich nur in einer erheblichen Vergrößerung der Gebäude auswirken, deren Flächenanteil im Verhältnis zur Schuppenfläche von ehemals zwei auf elf Prozent anstieg. Im Kellergeschoß lagen ein Fahrradraum, die Heizung samt Kohlenlager und öffentlichen Toiletten, im Erdgeschoß die Büros für BLG und Zoll mit Zugang zu dem Zollverschlag innerhalb des Schuppens sowie die vom Schuppen zugänglichen Betriebstoiletten. In den Obergeschossen befanden sich Aufenthalts-, Umkleide- und Waschräume sowie die getrennten WC- und Pausenräume für Angestellte und Hafenarbeiter. Die Betriebsgebäude hatten in der Regel ein Flachdach. Die Außenwände (Betriebsgebäude und Schuppen) sind bei den älteren Gebäuden mit Ziegelmauerwerk verblendet.

In den Jahren 1952/53 wurde mit Schuppen 19 in Bremen erstmalig ein zweigeschossiger Kajeschuppen errichtet. Er sollte dem Fruchtumschlag dienen. Da aber die Kaje durch den saisonal begrenzten Import von Südfrüchten nicht ganzjährig ausgenutzt worden wäre, plante man ihn als kombinierten Frucht-/Stückgutschuppen. Er wurde gebaut mit 7430 Quadratmeter Nutzfläche und einer Geschoßhöhe von 9,35 Meter im Erdgeschoß und 7,50 Meter im Obergeschoß. Das Obergeschoß war für Stückgutumschlag vorgesehen und das Erdgeschoß als Fruchtlager, weshalb es mit einer Heizungsanlage aus-

Seine Besonderheit war, daß er sich bei Bedarf auf einen herkömmlichen Elektrokarren montieren ließ und nach dem Einsatz ohne viel Aufwand wieder abgenommen werden konnte. Der Betrieb dieser Fahrlader endete mit dem Aufkommen des hubkräftigeren und gleichzeitig sehr viel wendigeren Gabelstaplers. 1952 begannen in Bremen erste Tests dieser Fahrzeuge (1-Tonnen- und 3,2 Tonnen-Klasse), die den großen Vorteil haben, zugleich heben und fördern zu können. Da für Benzin- und Dieselmotoren noch keine ausreichenden Abgasreiniger zur Verfügung standen und Funkenflug nicht auszuschließen war, entschied sich die BLG zunächst für elektrobetriebene Stapler mit hydraulischen Stapel- und Spannzinken. Nach Verbesserung der Explosionsmotoren rüstete die BLG bis 1958 alle Schuppen mit Dieselstaplern aus. Zusätzlich wurde eine große Anzahl von Paletten beschafft. Hinsichtlich der neuen Flurfördertechnik war zu bedenken, daß erneut wertvoller Stellplatz in den Schuppen eingerichtet werden mußte, und daß ihre Anschaffung für den gesamten Hafen eine kostenintensive Investition darstellte. In einem Aufsatz über die allgemeine Bedeutung von Flurförderung im Stückguthafen verband der damalige Hafenbaudirektor Ralph Lutz 1960 beide Gedanken in einem Satz, der deutlich seine Entstehung in der Zeit des »Kalten Krieges« zeigt und in Erinnerung an die damals noch zur jüngeren Vergangenheit zählenden Bombenangriffe im Zweiten Weltkrieg geschrieben wurde: »Es ist zu überlegen, ob man Garagen unter Flur schafft, die mit kurzem Zeitaufwand zu einem Luftschutzraum umgebaut werden können.«

Die Gabelstapler verdrängten die Elektrokarren vollständig aus dem Bild des Hafens. Sie bewältigten bis zu 90 Prozent der Flurförderung; für den Rest jedoch kam nach wie vor die Sackkarre zum Einsatz.

Ein dieselgetriebener Gabelstapler mit Metallbarren auf den Zinken vor Schuppen 13. Foto aus den 1960er Jahren.

Der vergessene Riese: Speicher XI

Von den Umschlags- und Lagereinrichtungen des zugeschütteten Überseehafens wird mit Speicher XI vermutlich nur ein Gebäude erhalten bleiben. Er liegt in der Mitte des Terrains zwischen dem ehemaligen Überseehafen und dem Holz- und Fabrikenhafen parallel zu deren Becken. Seine Lagerböden sind seit Jahren weitgehend ungenutzt. Leerstände sind in der heutigen Zeit massenweiser Büroneubauten zwar nichts Ungewöhnliches, aber bei Speicher XI handelt es sich um eine historische Bremensie. Mangels Nutzung geriet das 1908–12 errichtete Bauwerk in den letzten Jahren nahezu in Vergessenheit. Nicht aus dem Hafenbereich kommende Investoren und Ideengeber mußte der Zollzaun abschrecken. Die Besonderheit von Speicher XI gründet sich in erster Linie auf seine enormen Ausmaße. Abgesehen von den Speichern I und II sind sie im innerbremischen Vergleich kaum anders als gigantisch zu bezeichnen: Die Front des heutigen Speichers XI entspricht fast genau der Länge der Obernstraße.

Der Speicherkomplex besteht aus ehemals zwei Baukörpern, den in einer Flucht stehenden Speichern XI und XIII, und mißt fast 400 Meter. Seine beeindruckende Gesamtgröße drückt sich auch in der Nutzfläche aus. Auf insgesamt 61 Böden stehen ca. 27.000 Quadratmeter Speicherfläche bzw. 32.000 Quadratmeter Bruttogeschoßfläche zur Verfügung. Dies entspricht der Fläche von ca. vier Fußballfeldern und als Vergleich für den umbauten Raum des Speichers von ca. 110.000 Kubikmetern, wofür man sich stellvertretend etwa 200 Einfamilienhäuser vor-

Speicher XI ist mit knapp 400 Metern fast genau so lang wie die Obernstraße.

Gesamtansicht der Südfront als Fotomontage.

stellen kann. Anders als im Hamburger Freihafen, wo von Anfang an die Speicher in einem Quartier, der »Speicherstadt«,
zusammenstanden, waren ja nach dem »Bremer System« den
Kajenstrecken entsprechend auch Speicherbauten zugeordnet.
Der alte Speicher XI war also ursprünglich nur für die Waren-
aufnahme des Umschlags der Barkhausenkaje im Bereich des
Schuppens 11 geplant gewesen.

Die Hamburger Speicherstadt steht seit 1991 unter Denkmalschutz; das kleinere, denkmalwürdige »Bremer Pendant«
stellt sich dagegen mit Speicher XI nur als ein einziger Block
dar (jedenfalls wenn von dem alten Vegesacker Hafenspeicher
aus dem frühen 19. Jahrhundert abgesehen wird). Die offizielle Unterschutzstellung von Speicher XI erfolgte 1994. Im
Gutachten des Landesamts für Denkmalpflege heißt es zu seiner »markanten Silhouette«: »Dem Architekten (Nause von
der bremischen Bauinspektion) gelang es, die ungeheure Bau-
masse so geschickt zu gliedern, daß selbst nach der Zusam-
menfassung der beiden Speicher XI und XIII die lange Fassade nicht monoton wirkt. Dies wird vor allem erreicht durch
die andeutungsweise an die schmalen giebelständigen historischen Speicher der alten Hansestädte erinnernden, über die
Trauflinie hinausragenden Treppenhäuser und die in gleicher
Richtung wirkenden, in doppelter Anzahl vorhandenen zusätzlichen Ladelukenreihen, die eigene niedrige Zwerchgiebel
besitzen und die Rhythmisierung der Fassade ebenfalls fördern. Auflockerung bewirkt auch der Wechsel zwischen der
Backsteinsichtigkeit an Sockelgeschoß, Treppenhaus- (und)
Ladelukentrakten, schmückenden Gesimsen, Stürzen der

Ein Kran von Schuppen
11 schwenkt seine Hiev
zum Absetzen auf einen
Bodenbalkon von Spei-
cher XI. Foto aus den
1920er Jahren.

Oben: Bauzeichnung der westlichen Giebelseite vom Speicher XI mit Blick auf das eingeschossige Kupergebäude das bis 1945 in der Baulücke zwischen Speicher XI und XIII stand.
Heute steht an dieser Stelle das Betriebsgebäude (Abteilung 8)

Unten: Bauzeichnung der östlichen Giebelseite von Speicher XI mit dem eingeschossigen Anbau, der bis in die 1950er Jahre bestand. Bauzeichnung.

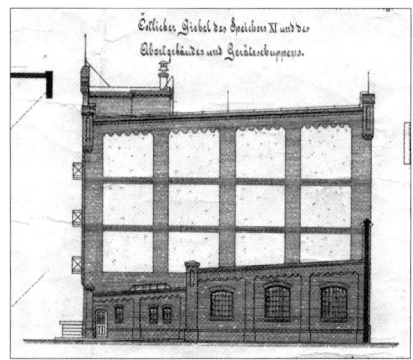

gekuppelten Segmentbogenfenster und den restlichen, verputzten Fassadenflächen. Im Vergleich zu den ehemaligen älteren, noch neugotisch geprägten Speichern des Europahafens ist die Ornamentik, das Historisierende zurückgedrängt. (...)«.

Die Vorläufer: Speicherbau im Hafen I

Bei der Anlage des Hafens I wurde landseitig hinter jedem Kajeschuppen entweder ein mehrgeschossiger Speicher (Bodenspeicher) oder mit einem eingeschossigen Lagerschuppen die kostengünstigere Variante angeordnet. Dies geschah gemäß der oben erläuterten »klassischen« Aufstellung, die es ermöglichen sollte, alle im Kajeschuppen ankommenden Lagergüter ohne längeren Transport zu speichern. Es stellte sich jedoch bereits nach einigen Jahren heraus, daß diese enge Abhängigkeit zwischen Kajeschuppen und Speicher nicht erforderlich ist. Die BLG vermietete einen großen Teil der Speicherböden an Privatfirmen. Da die eingehenden Waren, die für längere Zeit im Speicher eingelagert werden sollten, nicht gebündelt, sondern auf alle Kajeschuppen verteilt wurden und später auch im Hafen II ankamen, mußten diese mit Fuhrwerken, Lkw oder der Bahn an ihre Speicherplätze verbracht werden. Dies war zeitaufwendig und teuer. Darum wurden beim ersten und zweiten Ausbau des Hafens II nur die beiden Speicher XI und XIII, dagegen sechs Kajeschuppen, nämlich die Schuppen 11 und 13 auf der Nordseite und 12, 14, 16 und 18 auf der Südseite, errichtet. Einige Handels- und Speditionsfirmen bauten außerhalb des Zollfreigebietes, unter anderem nördlich und östlich des Holzhafens, Speicher oder Lagerschuppen auf eigene Rechnung, d.h. ohne Beteiligung der BLG. Beim Wiederaufbau der Häfen nach dem Zweiten Weltkrieg wurden diese Erfahrungen berücksichtigt und die zerstörten Speicher im Europahafen nicht wieder auf-

Schuppenbrand Druckwasser geleitet werden konnte. Auf diese Weise ließ sich die Vorderfläche des Speichers durch einen Wasserschleier gegen die strahlende Hitze des Feuers schützen.

Die Baukonstruktion der Speicher ist berechnet für eine Deckenbelastung von 1000 Kilogramm pro Quadratmeter (kg/m²). Die Innenstützen bestehen aus Eisenbeton und haben im Erdgeschoß Abmessungen von ca. 60 mal 60 Zentimeter und verjüngen sich bis zum dritten Obergeschoß. Die Stützen stehen in einem Achsabstand von 4,95 Meter mal 4,55 Meter und sind auf Einzelfundamenten, die Wände auf Streifenfundamenten flach gegründet. Die Geschoßhöhe beträgt bei diesen Speichern nur noch 3,25 Meter, im vierten Geschoß ist aufgrund der leichten Dachneigung mit Gefälle zur Südseite die lichte Höhe uneinheitlich. Die Außenwände sind im Erdgeschoß 50 Zentimeter dick und verjüngen sich in den oberen Geschossen.

Bereits in den 1930er Jahren und auch später in den 1950er Jahren wurden Stahlanker von Außenwand zu Außenwand eingezogen, weil sich kontinuierlich fallende Risse in den Außenwänden gezeigt hatten. Dies ist vermutlich auf Baugrundsetzungen zurückzuführen, die durch größere Niedrigwasserstände in den Hafenbecken verursacht wurden. Die

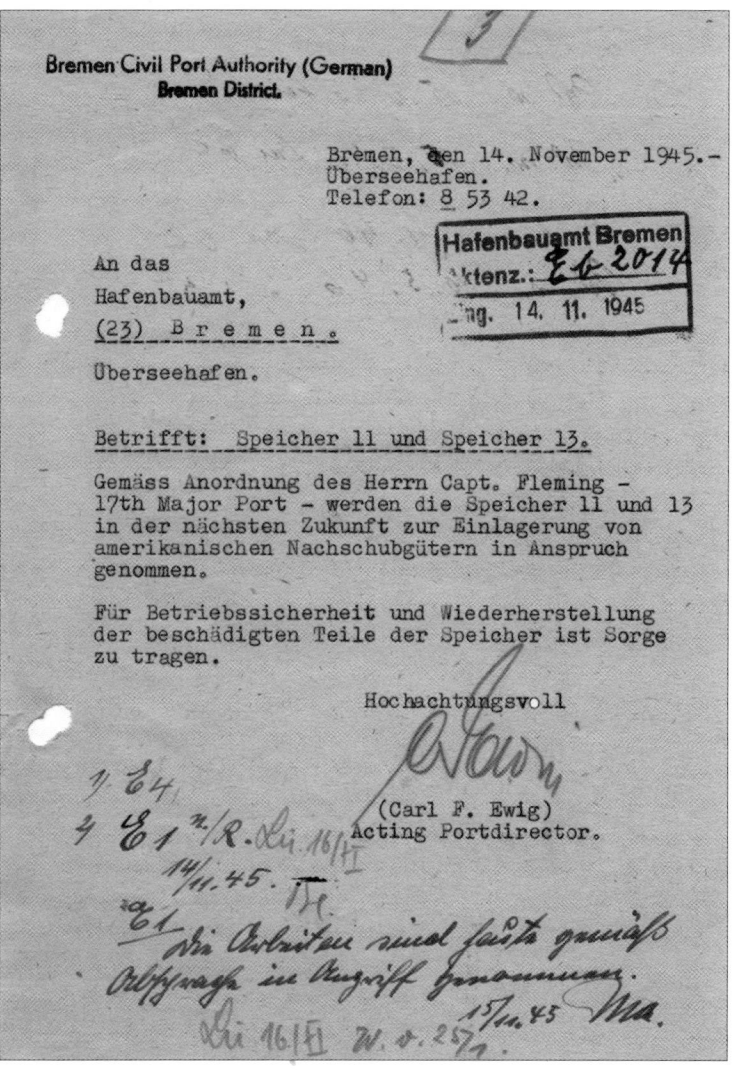

Nach dem Krieg hatten auch im Hafen die Amerikaner das Kommando: Anordnung an das Hafenbauamt vom 14. November 1945.

nach dem Zweiten Weltkrieg wiederhergestellten Böden wurden nicht mehr mit Holzbalken, sondern mit Stahlbetonfertigbalken hergestellt, auf die Deckenformsteine verlegt und mit den Trägern zusammen vergossen wurden.

Der alte Speicher XI hatte eine Gesamtlänge von ca. 177 Metern und bestand aus den Abteilungen 1 bis 7. Speicher XIII war ca. 202 Meter lang und in acht Abteilungen untergliedert. Grundrisse, Bauart und äußere Gestaltung waren bei beiden Komplexen nahezu identisch. Zwischen beiden lag ein Abstand von 18,32 Meter.

Ein Zustandsbericht des Hafenbauamtes vom 5. Mai 1945 dokumentiert den Umfang der Kriegszerstörungen. Demnach waren von »den 7 Abteilungen des Speichers XI bis auf unwesentliche Beschädigungen der Dächer, Fenster und Transportluken die Abteilungen 1-5 vollkommen erhalten.« Nur Abteilung 7 war bis zur Rampenoberkante völlig zerstört, und Abteilung 6 hatte eine Schadensstelle im Fahrstuhlturm. In Speicher XIII waren die Abteilungen 2 und 3 bis auf die Grundmauern zerstört, die anderen nur gering beschädigt. Deshalb konnten die Speicher in Teilbereichen bald wieder genutzt werden. Aus dem »Bremen Civil Port Authority (German) Bremen District« erging am 14. November 1945 die Anordnung an das Hafenbauamt, die Speicher XI und XIII zur künftigen Einlagerung von amerikanischen Nachschubgütern instandzusetzen. Selbstverständlich wurde unverzüglich und ohne jegliche Einwände noch am selben Tag der amerikanischen Aufforderung Folge geleistet, und es begannen die unter den damaligen Umständen sicher nicht einfach zu organisierenden Reparatur- bzw. Wiederaufbauarbeiten an den beschädigten und zerstörten Abteilungen.

Im Rahmen der Wiederherstellung des Hafens II wurde in den Jahren 1947 bis 1949 die Lücke zwischen beiden Speichern geschlossen. Hier hatte bisher ein kleines eingeschossiges Küpergebäude gestanden. An seiner Stelle sollte nun ein Betriebsgebäude für Büros, Aufenthalts-, Abstell- und Sanitärräume sowie eine Trafostation mit Niederspannungsraum entstehen. Außerdem mußte ein Feuerwehrdurchgang geschaffen werden. Die für alle Einrichtungen benötigte Geschoßfläche war dennoch kleiner als der Bauplatz zwischen den beiden Speichern. Weil aber zugleich Speicherraum dringend benötigt wurde, sollte das Betriebsgebäude nur etwa dreiviertel der Lücke einnehmen und auf dem Rest des Grundstücks der Speicher XI (Abteilung 7) an seinem Westende um ca. 4,80 Meter verlängert werden. Das Betriebsgebäude nahm die Fassadengliederung des Speichers auf. Nur die damals als Gestaltungselemente altertümlich wirkenden Rundbögen wurden weggelassen und der Fries zwischen Erdgeschoß und erstem Stockwerk lediglich dezent angedeutet. Der Bau erhielt auf Vorder- und Rückseite über die gesamte Höhe eine Ziegelverblendung in der Art des Erdgeschosses der alten Speicherfassade. Der kleinere, als Speicherverlängerung dienende Teil setzte in allen Details den alten Fassadenstil fort. Die oberste Etage des Betriebsgebäudes wurde als Speicherboden ausgebaut und ist vom dritten Boden der Abteilung 1 des Speichers XIII zu begehen.

Durch Schließung der Baulücke war ein Komplex von kaum noch zu überblickenden Ausmaßen entstanden. »Speicher XI« galt von nun an als Bezeichnung für den Gesamtbau, und auch die Numerierung der Abteilungen im ehemaligen Speicher XIII wurde bis 16 fortgeführt, wobei das Betriebsgebäude als Abteilung 8 zählte. Auch die beiden Kajeschuppen 11 und 13 wurden beim Wiederaufbau vereinigt. Nicht zu klären ist, warum der neue Schuppen nicht analog zu »Speicher XI« zum »Schuppen 11« wurde, sondern ausgerechnet die weithin als Unglückszahl begriffene »13« erhielt.

4
Arbeit und Arbeiter im Überseehafen

Heinz-Gerd Hofschen

Hafenarbeit und Hafenarbeiter

Vorherige Seite:
Wartungsarbeiten am
Kran.

Ein Hafen besteht natürlich nicht nur aus Becken, Kajen, Schuppen, Speichern und Kranen. Erst die lebendige Arbeit, die Tätigkeit der dort beschäftigten Menschen, bringt ihn in Funktion. Ihre Tätigkeiten und deren Wandel in den letzten hundert Jahren, die Arbeitsbedingungen und Lebensverhältnisse der Hafenarbeiter sollen daher in einigen Aspekten geschildert werden. Was ist eigentlich Hafenarbeit? »Die Hafenarbeit in Bremen und damit die berufliche Tätigkeit der bremischen Hafenarbeiter besteht [...] in der praktischen, mittels einer bestimmten Technik bewerkstelligten, durch betrieblich organisierte Arbeitsteilung und Zusammenarbeit gestalteten und durch eine bestimmte unternehmerische Disposition gesteuerten Ausführung des sogenannten Hafenumschlags. Darunter ist jene Gesamtheit von Arbeitsaufgaben verschiedenster Art zu verstehen, die, direkt oder indirekt, sowohl mit dem eigentlichen Laden und Löschen von Schiffen aller Art, einschließlich des dazugehörigen Be- und Entladens der Binnenverkehrsmittel [...], als auch im Zusammenhang mit dem hafenintern notwendigen Transportieren, Registrieren, Lagern, Prüfen und Pflegen des im Hafen, als dem Schnittpunkt zwischen Land- und Seeverkehr, ein- und ausgehenden Waren aller Art anfallen.«[1] Bereits aus dieser in schönstem Soziologendeutsch verfaßten Definition, die allerdings den Vorzug hat, in knappster Form die Funktion und die Komplexität der Aufgaben und Arbeiten im Hafen zusammenzufassen, läßt sich die Vielfalt der konkreten Tätigkeiten ahnen, die sich in einem Seehafen finden.

Stauer, Karrenschieber und Küper – die Tätigkeiten im Hafen

Im Bremer Überseehafen wurden Seeschiffe mit dem bordeigenen Ladegeschirr und Kranen an den Kajen – soweit der Umschlag nicht direkt auf Binnenschiffe erfolgte – entladen (»gelöscht«) und beladen (»gestaut«). Die gelöschten Waren wurden an der Kaje entweder sofort auf die Eisenbahn oder Straßenfahrzeuge geladen oder aber in Schuppen zum Sortieren, Prüfen und kurzfristigen Lagern gebracht. Von den Schuppen gingen sie dann entweder auf Landfahrzeuge ins Binnenland oder in die hinter den Schuppen liegenden Speicher zum längerfristigen Lagern. Für alle diese Tätigkeiten gab es spezielle Gruppen von Hafenarbeitern.

Umschlagsarbeit mit bordeigenem Ladegeschirr an Deck.

Die Arbeit an Bord – also das Entladen und das Verstauen der Ladung – wurde in den Bremer Freihäfen nicht mehr von der Schiffsbesatzung, sondern von Stauereifirmen geleistet. Die Stauer – in jeder Luke je nach Ladung bis zu drei »Gänge« mit je vier bis acht Mann unter dem Kommando eines Vormanns (»Vize«) – schafften die Güter beim Löschen aus dem Laderaum zur Luke, bereiteten sie für den Krantransport mit Ketten, Netzen, Körben, etc. vor und schlugen die Ladung (»Hieve«) an den Haken des Krans an. Ein Decksmann wies

Ein wichtiger Bestandteil der Hafenarbeit ist die Qualitätskontrolle durch Küper. Sie unterziehen die Waren nach Eingang im Schuppen einer genauen Prüfung. Das Bild zeigt die Begutachtung von Tabak.

den Kranführer ein, der bei der Bremer Lagerhaus-Gesellschaft (BLG) angestellt war, die die landseitigen Einrichtungen im Überseehafen betrieb. Auf der Kaje übernahmen die Karrenschieber die Ware und schafften sie in die Schuppen, wo sie von Stapelleuten gelagert wurden.[2] Diese Arbeit an Land wurde von einem Schuppenvorsteher der BLG geleitet. Die Stauer mußten besonders für die umgekehrte Tätigkeit, das Beladen des Schiffes, über erhebliche Erfahrungen verfügen, da das sichere Verstauen der Ladung entsprechend den Stauplänen für die Schiffssicherheit wie für den reibungslosen Umschlag der Waren in den verschiedenen Zielhäfen von großer Bedeutung war. Daher fanden sich viele ehemalige Seeleute in dieser Berufsgruppe. Die Transporttätigkeit auf der Kaje und im Schuppen und Speicher und der Umschlag auf Bahn und Straßenfahrzeuge war demgegenüber eine weitgehend unqualifizierte, allerdings ebenfalls körperlich sehr schwere Arbeit. Auf der Kaje und im Schuppen arbeitete auch der Tallymann, dessen Aufgabe die Ladungskontrolle war. Die Güter mußten gezählt, bzw. gemessen werden, um die Übereinstimmung mit den Ladungspapieren zu überprüfen. In den Schuppen übernahmen die Küper als Vertreter der Empfänger die Ladung und kontrollierten die Qualität. Sie zogen Proben und prüften die Ware. Diese hochqualifizierten Fachleute befanden sich hinsichtlich ihres Status und der Bezahlung an der Spitze der mit dem Warenumschlag Beschäftigten.

Zur Hafenarbeit gehörte natürlich auch der Weitertransport der Waren ins Binnenland, der von Speditionen und den von ihnen beschäftigten Transportarbeitern und Fahrern betrieben wurde. Bei der Hafenbahn, deren Aufgaben seit den 1920er Jahren die Reichsbahn übernommen hatte, arbeiteten Rangierer, Heizer und Lokomotivführer. Für die Zollabfertigung der aus dem Freihafengebiet oder in das Zollausland gebrachten Güter gab es mehrere Zollämter mit zahlreichen Beschäftigten. Für die Wartung, Instandhaltung und Reparatur der Hafen- und Umschlagsanlagen war eine größere Zahl von Facharbeitern verschiedener Gewerke vom Maschinenschlosser bis zum Elektriker zuständig. Und auch auf der Wasserseite gab es vielfältige Tätigkeiten vom Festmacher bis zum Barkassenführer.

Schon diese unvollständige Aufzählung – wobei die kaufmännischen und technischen Angestellten der BLG und der Hafenbehörden gar nicht erwähnt wurden – zeigt die Vielfalt der Funktionen und Qualifikationsanforderungen der Hafenarbeit. Den meisten Tätigkeiten im direkten Güterumschlag war allerdings gemeinsam, daß sie körperlich schwere, gesundheitsgefährdende und gefährliche Arbeit war. Zwar war der Freihafen II bei seiner Einweihung einer der modernsten Häfen Europas, ausgestattet mit elektrisch betriebenen Kranen, elektrisch

Der Kran senkt eine schwere Steinplatte auf die im Schuppentor bereitstehende Sackkarre. Foto Anfang der 1920er Jahre.

An der Kühlhauskaje wird stets bei Minustemperaturen gearbeitet. Blick ins Innere eines Kühlfrachters beim Löschen einer Ladung gefrorenen Rindfleischs aus England. Eine Hiev hebt sich gerade, die nächste ist schon vorbereitet.

beleuchtet und mit dem seit 1888 in Bremen üblichen direkten Eisenbahnanschluß auf den Kajen und hinter den Schuppen und Speichern versehen, doch bestand ein erheblicher Teil der Umschlags- und Transportarbeiten lange Zeit aus schwerer Handarbeit. Für die Stauer gab es außer dem Stauerhaken, mit dem Säcke und Ballen gepackt wurden, kaum Hilfsmittel. Zwar hatten die Schiffe mit Dampf oder elektrisch betriebene Winden für ihr Ladegeschirr, doch für die Arbeit im Laderaum nützte das wenig. Die Kajenarbeiter hatten lange Zeit nur die Handkarre zur Verfügung, um zentnerschwere

Säcke, Baumwollballen oder Kisten in die Schuppen zu bewegen. Und auch das Stapeln dort erfolgte zunächst per
Hand. Die mehrstöckigen Speicher XI und XIII hatten zwar
Aufzüge und Motorwinden, um die Güter in die Obergeschos-
se zu bringen, aber auf den Etagen mußte dann wieder mit
der Handkarre gearbeitet werden. Lediglich der Umschlag von
Schüttgütern wie Getreide, Kohle und Erz – der allerdings
im Freihafen II die meiste Zeit über eine geringe Rolle spielte – wurde bereits vor dem Ersten Weltkrieg mechanisiert. Elektrische Saugheber, auf Pontons schwimmende Elevatoren und
Förderbänder machten die Knochenarbeit der Entladung mit
Säcken und Körben überflüssig.

Das Hauptproblem blieb jedoch beim Stückgutumschlag
die Flurförderung von der Kaje zum Schuppen und in den
Schuppen. Allerdings waren es weniger Überlegungen, die
Arbeit zu erleichtern, als Rationalisierungsabsichten der
Hafenwirtschaft, die zu Änderungen führten. Eine Leistungs-
steigerung beim Kajenumschlag konnte nämlich nicht durch
die Erhöhung der Zahl der dort Arbeitenden erreicht werden,
da der Platz an der Seite eines Schiffes nun einmal begrenzt
ist. Nur eine Mechanisierung dieser Tätigkeit konnte die Um-
schlagsleistung steigern. So wurde schon seit 1905 in den
bremischen Häfen mit einzelnen Elektrokarren experimen-
tiert – die übrigens bei Lloyd Dynamo in Bremen gebaut
wurden –, doch ging man erst in den Rationalisierungswellen
der 1920er Jahren zu regelmäßiger Verwendung von E-Kar-
ren über. Auch wenn nach wie vor die Sackkarre in Gebrauch
blieb, erleichterte der Einsatz dieser elektrischen Fahrzeuge
– die wegen der fehlenden Abgase auch in den Schuppen eingesetzt werden konnten – die Arbeit der Kajen- und Schuppenarbeiter. Der Rationalisierungseffekt war beträchtlich: »Beim
Löschen von Massenstückgut leistete ein Elektrokarrenführer

im Akkord dasselbe wie zehn Sackkarrenschieber.«[3] Für die Stauer an Bord und für die Stapelarbeiter in den Schuppen bedeutete diese Erhöhung der Transportgeschwindigkeit natürlich eine erhebliche Verdichtung der Arbeit. Zum Stapeln in den Schuppen und Speichern wurden vor dem Zweiten Weltkrieg vereinzelt Förderbänder und Hubkarren verwendet. Eine grundlegende Veränderung der Flurförderung und des Stapelns brachte allerdings erst die Einführung der Gabelstapler in den 1950er Jahren. Sie bedeutete nicht nur eine gewaltige Rationalisierung, sondern auch eine deutliche Reduzierung der schweren Handarbeit beim Transport auf den Kajen und in den Schuppen sowie bei der Verladung auf Landfahrzeuge. Sie förderte auch den Wandel bei den Qualifikationsanforderungen für Kajen- und Schuppenarbeiter. An die Stelle von Körperkraft, Ausdauer und manueller Geschicklichkeit trat nun der Bedarf an technischen Qualifikationen, wie sie für die Arbeit mit mechanischen Flurfördergeräten und Gabelstaplern erforderlich sind.

Für die Stauer an Bord hatte sich die Arbeit seit den 1920er Jahren auch durch die Verwendung schnellerer Krane mit größeren Hubleistungen verdichtet. Seit 1927 wurden Krane mit verstellbaren Auslegern eingeführt, die es ermöglichten, mit mehr Kranen als vorher an einem Schiff gleichzeitig zu arbeiten. Die BLG sah nicht nur die technischen Vorteile: »Ein schnell arbeitender Kran treibt Stauer und Schuppenpersonal an, ein Moment, was nicht unterschätzt werden darf.«[4]. Arbeitserleichterungen für die Stauer brachten nach dem Zweiten Weltkrieg die größeren Luken der Schiffe und die Palettierung von Gütern. Stückgüter mußten nun nicht mehr einzeln bewegt und zu Hieven zusammengebunden werden, sondern die Holzpaletten mit den aufgepackten Gütern konnten aus den großen Lukenöffnungen an den Kran gehängt

werden. Die Paletten waren für den Weitertransport und die Stapelung durch Gabelstapler konzipiert, so daß sich die Leistung eines Hafenarbeiters pro Schicht von acht Tonnen beim konventionellen Stückgutumschlag auf 25 Tonnen beim Palettenumschlag verdreifachte.[5]

Die grundlegenden technischen Innovationen im Seeverkehr in den 1960er und 1970er Jahren, die Einführung des Containers und der Ro/Ro(Roll-on-Roll-off)-Schiffe, bedeuteten nicht nur für die Stauer, sondern für alle Hafenarbeiter

Umschlag von Fässern an der Nordkaje. Hiev für Hiev senkt der Kran seine Ladung auf die Schuppenrampe. Trotz des Einsatzes von Elektrokarren bedeutet die weitere Güterbewegung in den Schuppen ein hohes Maß von harter körperlicher Arbeit. Erst die Einführung von Gabelstaplern in den 1960er Jahren erleichtert die Hafenarbeit erheblich.

Trotz Maschineneinsatz und der Weiterentwicklung von Unfallverhütungsvorschriften, wie z.B. Helmpflicht, birgt der Beruf des Hafenarbeiters ein hohes Unfallrisiko.

den tiefgreifendsten Wandel ihrer Tätigkeit. 1966 wurden die ersten Container an der Südkaje des Überseehafens angelandet und ein Jahr später wurde eine Ro/Ro-Brücke an der Nordkaje in Betrieb genommen. Während der Ro/Ro-Verkehr nur von beschränkter Bedeutung blieb, revolutionierte der Containerverkehr, der heute das traditionelle Stückgut mit Ausnahme der Schwergüter weitgehend verdrängt hat, die Hafenarbeit völlig. Zahlreiche Tätigkeiten – vom Stauer bis zum Stapel- und Schuppenarbeiter – entfielen nun nach und nach im Zuge der Veränderung der gesamten Umschlagsorganisation. Die Rationalisierungseffekte bewirkten nicht nur, daß sich die Leistung eines Hafenarbeiters pro Schicht auf 200 Tonnen beim Containerumschlag von Stückgut steigerte,[6] sondern auch eine drastische Verringerung der Arbeitsplätze im Hafen. Schließlich führte diese Entwicklung auch zum Ende des Überseehafens selbst. Denn für den Containerumschlag braucht man nicht nur gewaltige Kranbrücken und riesige Trailer, die an die Stelle der alten Krane und Gabelstapler treten, sondern auch große Freiflächen für die kurzfristige Lagerung anstelle von Schuppen und Speichern. Dieses und der Bau immer größerer Containerschiffe, die die Weser gar nicht mehr befahren können, führte zur weitgehenden Verlagerung des Umschlags nach Bremerhaven. Die Zuschüttung des Überseehafens 1998 manifestiert eine Entwicklung, die vor dreißig Jahren mit dem Festmachen des ersten Containerfrachters in diesem Hafen begonnen hatte. Wie die meisten technisch-organisatorischen Veränderungen dieses Jahrhunderts hat diese Entwicklung widersprüchliche Auswirkungen auf die von ihr betroffenen Menschen. Zum einen hat die Mechanisierung der Hafenarbeit und schließlich der Übergang zum Containerverkehr die schwere körperliche Arbeit reduziert, zum Teil sogar abgeschafft. Niemand wird der Arbeit mit der Sackkarre und dem Stauerhaken nachweinen. Diese Erleichterungen wurden allerdings mit dem Abbau zahlreicher Arbeitsplätze bezahlt. Und die moderne Hafenarbeit hat auch manche neuen Belastungen mit sich gebracht. Die isolierte Tätigkeit eines Kranführers auf einer Containerbrücke, der nur noch per Funk Verbindung zu seinen Kollegen hat, die enorme Verdichtung und Intensivierung der Arbeit, die Verantwortung im Umgang mit Containern im Wert von Millionen bedeuten neue Arbeitsbelastungen.[7]

Der Wandel im Hafenumschlag im Verein mit verbesserten Sicherheitsvorschriften hat eine Verringerung der Unfallgefahren bewirkt. Traditionell gehört die Hafenarbeit zu den unfallträchtigsten Tätigkeiten. Die Arbeit unter schwebenden Lasten, mit schweren Gütern und Stahlseilen, am Wasser auf Kajen und Schiffen, zwischen Waggons und Kranen enthält zahlreiche Unfallrisiken, die durch die Vielgestaltigkeit der Arbeit und den häufigen Wechsel der Arbeitsorte noch vergrößert werden. In den 1980er Jahren, in denen infolge der Zunahme des Containerumschlags die Unfallzahlen bereits um 30 Prozent zurückgegangen waren, erlitten allerdings jährlich noch 155 von 1000 Hafenarbeitern einen Arbeitsunfall.[8]

Mit der Mechanisierung der Hafenarbeit haben sich auch die Qualifikationsanforderungen gewandelt. An die Stelle des ungelernten Hafenarbeiters ist der Hafenfacharbeiter getreten. Nicht nur die Kranführer, sondern alle Hafenarbeiter brauchten seit den 1950er Jahren zunehmend technische Kenntnisse. Die Arbeit mit gefährlichen Gütern, veränderte

Logistikkonzepte und der Umweltschutz erforderten neue Fähigkeiten. Dem hat man in Bremen dadurch Rechnung getragen, daß 1975 auf Anregung der Arbeiterkammer die Hafenfachschule gegründet wurde. Diese Einrichtung, die von den Tarifparteien (ÖTV und Hafenbetriebsverein) betrieben wird, hat seitdem 2000 Hafenarbeiter zu Hafenfacharbeitern ausgebildet.

Ständige und Unständige

Als der Freihafen II im Jahre 1906 eröffnet wurde, war die Hafenarbeit noch in frühindustrieller Weise organisiert. Nur eine Minderheit der Arbeiter war bei der BLG, bei Stauereien und Küperfirmen fest angestellt. Die große Mehrheit der Hafenarbeiter fristete als »Unständige« eine völlig ungesicherte Tagelöhnerexistenz. Da das Verkehrsaufkommen und damit der Arbeitskräftebedarf in einem Hafen sehr unterschiedlich ist, hatte die Hafenwirtschaft das Interesse, Arbeiter möglichst nur kurzfristig entsprechend dem Bedarf zu beschäftigen. »Hafenarbeit war weitgehend Tagelohnarbeit, bei der der Unternehmer keinerlei Verantwortung für das Wohl der Arbeiter übernahm.«[9] Die Arbeiter, die im Hafen und in den Hafenkneipen auf Arbeit warteten, wurden jeweils für eine Schicht (oder eine halbe) angeheuert. Sie hatten daher weder regelmäßige Einkünfte noch irgendeine Form sozialer Sicherheit. Der Willkür der Unternehmer völlig ausgeliefert, die aus dem Heer der Unständigen sich ihre Arbeiter aussuchen konnten, mußten sie Lohndrückerei und Disziplinierungen hinnehmen, wollten sie nicht die Chance verlieren, durch einige Schichten Arbeit in der Woche weiterhin ihr Leben zu fristen.

Die festangestellten Hafenarbeiter (die »Ständigen«) hatten demgegenüber ein regelmäßiges Einkommen. Seit 1897 bezahlte die BLG auch Zulagen für Nacht- und Sonntagsarbeit[10].

Der Lohn für eine zwölfstündige Schicht von 6 bis 18 Uhr, die aus neuneinhalb Stunden Arbeit und zweieinhalb Stunden Pausen bestand, lag bei vier Mark (zum Vergleich: Zu dieser Zeit kosteten ein Pfund Weizenmehl 20 Pfennig, zwei Pfund Rinderbauchfleisch eine Mark und ein Pfund Butter 1,15 Mark). Nur langsam besserten sich diese Bedingungen. Ab 1897 organisierten sich die Hafenarbeiter im freigewerkschaftlichen Transportarbeiterverband, der nun Tarifverträge mit einzelnen Betrieben aushandelte. Für den Gesamthafen fehlte jedoch ein Partner für tarifliche Vereinbarungen, bis sich die Bremer Hafenfirmen 1914 zu einem Arbeitgeberverband, dem Hafenbetriebsverein, zusammenschlossen. Sie taten dies mit der Absicht, durch verbindliche Tarifverträge »wilde« Streiks zu vermeiden, die angesichts der miserablen Arbeits- und Einkommensverhältnisse immer wieder vorgekommen waren. Auch mag die Erfahrung mit dem ersten großen Hafenarbeiterstreik von 1896 eine Rolle gespielt haben, der in Hamburg den Hafen zweieinhalb Monate stillgelegt und in Bremen hauptsächlich die BLG betroffen hatte.[11] Die Unternehmer waren bei steigendem Umschlagsaufkommen am Arbeitsfrieden interessiert. Gerade der komplexe Hafenbetrieb war durch Arbeitskonflikte leicht zu stören. »Nicht zuletzt aber braucht ein Hafen Arbeitsfrieden. Die Lahmlegung eines Hafens selbst auf kurze Zeit ist für den Hafen als Ganzes [...] immer eine Katastrophe«, formuliert noch ein halbes Jahrhundert später ein Handbuch der Hafenwirtschaft.[12] So gelang es der Gewerkschaft in den Tarifverhandlungen mit dem Hafenbetriebsverein 1914, die Arbeitszeit auf eine Elf-Stunden-Schicht zu reduzieren und den Schichtlohn auf 5,20 Mark zu erhöhen.[13]

In der Novemberrevolution 1918, in der in Bremen neben den Werftarbeitern auch die Hafenarbeiter eine wichtige Rolle gespielt hatten, wurde endlich der Achtstunden-Arbeitstag, ein altes Ziel der Arbeiterbewegung, zumindest für einige Jahre durchgesetzt.[14] Bei der Vermittlung der Unständigen, die nun vom Hafenbetriebsverein betrieben wurde, konnte Anfang 1919 die Einrichtung eines »Rings« durchgesetzt werden. Die dazu gehörenden »Ringarbeiter« hatten den Anspruch, als erste vermittelt zu werden und damit ein einigermaßen gesichertes Einkommen. Ferner hatten sie als einzige Gruppe der Unständigen Anspruch auf bezahlten Urlaub. Die Zahl der »Ringarbeiter« war allerdings gering, und die unsichere Lage der großen Zahl der Unständigen besserte sich nicht. In der Weimarer Zeit stieg sogar – besonders in Krisenzeiten – die Zahl der Unständigen. Standen 1923 noch 1000 ständigen Hafenarbeitern 2000 Unständige gegenüber, so gab es 1931 bei 1200 fest Beschäftigten bereits 3500 Unständige in Bremen.[15]

Beide Arbeitergruppen hatten sich in der Novemberrevolution und der Bremer Räterepublik radikalisiert, so daß der 1919 gegründete syndikalistische »Seemannsbund« zeitweilig den Transportarbeiterverband an Einfluß überflügelte. Beide Organisationen versuchten, im Hafen das »closed-shop-Prinzip« durchzusetzen, das vorsieht, daß nur gewerkschaftlich organisierte Arbeiter im Betrieb beschäftigt werden dürfen. Damit sollten mögliche Streikbrecher ferngehalten werden. Ein Streik zur Durchsetzung dieses Systems im September und Oktober 1919 scheiterte an der Aussperrung durch die BLG, die gleichzeitig in großem Umfang Streikbrecher aus den bürgerlichen Kreisen der Stadt anwarb. Eine Folge des Ausstands war die dauerhafte Besetzung des Hafens durch die Sicherheitspolizei, die dort eigene Wachen erhielt. Zutritt zum Hafen hatte man nur noch, wenn man im Besitz einer Hafenkarte war. Die Gewährung oder Entziehung dieser

Hafenkarte eröffnete den Unternehmern weitere Möglichkeiten der Disziplinierung. Ihre Druckmittel waren sowieso – besonders gegenüber den Unständigen – schon groß genug durch die Willkür bei der Vermittlung der Schichten. Wer zum Beispiel auffällig wurde, mußte damit rechnen, beim nächsten Mal keinen Platz im »Gang« zu erhalten.

Der Seemannsbund brach 1920 auseinander, und die Mehrheit der Hafenarbeiter kehrte in die ADGB-Gewerkschaft zurück. 1923 waren 2000 Bremer Hafenarbeiter im Deutschen Verkehrsbund (wie die Transportarbeitergewerkschaft seit 1922 hieß) organiesiert, das waren Zweidrittel der gesamten ständigen und unständigen Belegschaft. Im Oktober 1923, auf dem Höhepunkt der Inflation, kam es zu einem einwöchigen Lohnstreik, der von der Gewerkschaft nicht unterstützt wurde, und der angesichts der galoppierenden Hyperinflation ohne Ergebnis blieb. Noch folgenreicher war die Niederlage im folgenden Jahr. Die Unternehmer, die die Errungenschaften der Novemberrevolution rückgängig machen wollten, nutzten die Kündigung der Manteltarifverträge in der Hafenwirtschaft zur Abschaffung des Achtstundentages. Die Arbeitszeit sollte wieder auf neun bis zehn Stunden ausgeweitet werden. Dem Abwehrstreik der Hamburger Hafenarbeiter ab dem 10. März 1924 schlossen sich die Bremer sofort an. Besonders unter den Unständigen hatte die KPD in Bremen erheblichen Einfluß. Der reichsweite Streik scheiterte, als am 18. März der Reichsarbeitsminister einen Schiedsspruch für verbindlich erklärte, der die Ausweitung der Arbeitszeit auf neun Stunden erlaubte. In Bremen lehnten die Hafenarbeiter diesen Schiedsspruch ab und streikten weiter, bis Ende März die Gewerkschaftsführung ein Abkommen schloß, das ebenfalls die neunstündige Schicht vorsah, wobei allerdings im Gegensatz zu Hamburg die neunte Stunde auch bezahlt wurde.

In den folgenden Jahren der relativen ökonomischen Stabilisierung, und dann vermehrt in der Zeit der Weltwirtschaftskrise ab 1929, verstärkten sich die Unterschiede zwischen den ständigen und den unständigen Hafenarbeitern. Die Ständigen mit einem gesicherten Einkommen, das bis 1928 anstieg – die Schichtlöhne erreichten in diesem Jahr 8,80 Reichsmark – hofften auf die langfristige Verbesserung ihrer Lage durch die Tarifpolitik ihrer Gewerkschaft. Sie hatten zudem einen festen Arbeitsplatz und ihre soziale Sicherheit zu verlieren. Die Unständigen partizipierten hingegen nur teilweise an den Lohnsteigerungen, denn die Unstetigkeit ihrer Beschäftigung blieb ebenso bestehen wie ihre völlige soziale Ungesichertheit. Mit der steigenden Zahl der Unständigen vergrößerte sich noch diese Unstetigkeit, denn von den 3000 unständig Beschäftigten waren 1927 nur durchschnittlich 1500 in Arbeit, 1931 von den 3500 Unständigen nur noch 1600. Auch die Qualifikationsunterschiede zwischen diesen Gruppen wuchsen durch die Mechanisierung der Hafenarbeit an. Unter den Ständigen waren viele Facharbeiter, die Kranführer und die qualifizierten Stauer. Die Unständigen bildeten dagegen eine inhomogene Gruppe von ungelernten Jugendlichen, arbeitslosen Arbeitern aus anderen Branchen, verarmten Handwerkern und Älteren, die nur noch im Hafen auf Beschäftigung hoffen konnten.

Diese Unterschiede zwischen den Arbeitergruppen verhinderten auch dann noch ein gemeinsames Vorgehen, als die Unternehmer die Weltwirtschaftskrise zu einem massiven Lohnabbau nutzten. Zwar gab es auch bei den Ständigen durchaus noch radikaler Denkende – so hatte die KPD im Betriebsrat der BLG lange Zeit rund die Hälfte der Sitze inne, und erst ab 1930 ging ihr Einfluß zugunsten der sozialdemokratisch orientierten Gewerkschafter zurück –, doch waren

Anmerkungen

1 Michael Abendroth, Niels Beckenbach, Siegfried Braun, Rainer Dombois, Hafenarbeit. Eine industriesoziologische Untersuchung der Arbeits- und Betriebsverhältnisse in den bremischen Häfen, Frankfurt am Main und New York 1979, S.18

2 Vgl.: Arne Andersen, Jürgen Bartkowiak, Uwe Kiupel, Hermann Pölking-Eiken, Die Häfen in Bremen - Kurs Zukunft. Ein Jahrhundert Freihafen und Weserkorrektion, hrsg. vom Senator für Häfen, Schiffahrt und Verkehr und der Bremer Lagerhaus-Gesellschaft, Bremen 1988, S.84 f.

3 Uwe Kiupel, Ankerwinsch und Elektrokarren. Die Elektrifizierung der Schiffahrt und des Hafenumschlags, in: Heinz-Gerd Hofschen (Red.), Bremen wird hell. 100 Jahre Leben und Arbeiten mit Elektrizität (Veröffentlichungen des Bremer Landesmuseums für Kunst und Kulturgeschichte - Focke-Museum, Nr. 92, hrsg. von Jörn Christiansen), Bremen 1993, S. 250 ff, hier S. 262 f.

4 Schreiben der BLG vom 10.6.1942 an den Senator für die Wirtschaft, zitiert nach: Uwe Kiupel, a.a.O., S. 263

5 Arne Andersen, Jürgen Bartkowiak, Uwe Kiupel, Hermann Pölking-Eiken,a.a.O., S. 91. Andere, aber in der Tendenz ähnliche Zahlen finden sich bei Michael Abendroth, Niels Beckenbach, Siegfried Braun, Rainer Dombois, a.a.O., S. 102 f

6 Ebenda.

7 Einer ausgezeichnete Darstellung der Arbeitsprozesse in den Bremer Häfen in den 1970er Jahren liefert die umfangreiche Studie von Michael Abendroth, Niels Beckenbach, Siegfried Braun, Rainer Dombois, a.a.O.

8 Arne Andersen, Jürgen Bartkowiak, Uwe Kiupel, Hermann Pölking-Eiken,a.a.O.

9 Michael Abendroth, Niels Beckenbach, Siegfried Braun, Rainer Dombois, a.a.O., S. 60

10 Vgl. zu den Arbeitsbedingungen und Löhnen: Karl Löbe, Seehafen Bremen - 100 entscheidende Jahre, Bremen 1977, sowie Werner Sauermilch, 50 Jahre Hafenbetriebsverein in Bremen e.V. 1914-1964, Bremen 1964

11 Vgl.: Michael Abendroth, Niels Beckenbach, Siegfried Braun, Rainer Dombois, a.a.O., S. 61 ff.

12 A. Bolle, Der Mensch als Faktor des Hafenumschlags, in: Handbuch für Hafenbau und Umschlagstechnik, hrsg. im Auftrag der Hafenbautechnischen Gesellschaft e.V. von der »Hansa«. Zeitschrift für Schiffahrt, Schiffbau, Hafen, Hamburg 1953, S.145 ff., hier S.146

13 Michael Abendroth, Niels Beckenbach, Siegfried Braun, Rainer Dombois, a.a.O., S. 63

14 Zur Geschichte der Bremer Hafenarbeiter 1918 bis 1933 vgl.: Charlotte Niermann, Die Hafenarbeiter Bremens in der Weimarer Republik, in: Arbeitsplätze. Schiffahrt, Hafen, Textilindustrie 1880-1933 [= Beiträge zur Sozialgeschichte Bremens, Heft 6], Bremen 1883, S.105 ff.

15 A.a.O, S. 108

16 Vgl. Karl Löbe, a.a.O., S.

17 Michael Abendroth, Niels Beckenbach, Siegfried Braun, Rainer Dombois, a.a.O., S. 86

18 A. Bolle, a.a.O., S. 146

5
Schnelles Ende nach langer Krankheit: die Verfüllung des Überseehafens

Der Befund

Aufgrund einer zu erwartenden Steigerung des bremischen Fruchtimports plante die BLG 1991 eine moderne Fruchtumschlagsanlage im Überseehafen. Sie sollte im Bereich des Schuppens 18 entstehen. Die Kajen in diesem Bereich waren in den Jahren 1911 bis 1913 gebaut worden, und seit längerer Zeit hatten sich hier wiederholt Setzungen und Versackungen gezeigt. Wegen des intensiven Umschlags, den die neue Anlage mit sich bringen würde, sollten mögliche Mängel in der Standsicherheit der Konstruktion untersucht und behoben werden. Aus den Betonwänden der Kajen und den Holzpfahlgründungen wurden Materialproben entnommen und im Baustofflabor geprüft. Zur Feststellung etwaiger Verformungen der Gesamtkonstruktion und möglicher Durchbiegungen der wasserseitigen Holzspundwand unterhalb der Betonkaje wurden exakte Vermessungen durchgeführt. Die Ergebnisse der Gutachten über den Erhaltungszustand waren alarmierend und führten dazu, daß die Kajen unverzüglich für jegliche Nutzung gesperrt werden mußten. Wegen fortgeschrittener Verrottung und Verformungen war es nicht auszuschließen, daß die Kajekonstruktion »ohne Vorankündigung« versagen, also plötzlich einstürzen könnte. Über den Bereich des Schuppens 18 hinaus mußten auch die konstruktionsähnlichen Kajen bei Schuppen 16A und 14 gesperrt werden, somit die gesamte Südseite des Hafenbeckens sowie der Bereich bei Schuppen 13 bis zum Kajeversprung zwischen Schuppen 13 und 15 auf der Nordseite. Von der Sperrung ausgenommen blieb der Kajenbereich mit öffentlichem Straßenverkehr, also die Straße Hafenkopf II und der Schrägbereich der Barkhausenkaje bis zur Cuxhavener Straße.

Keine Investition mehr wert:
die erste Verfüllung des Überseehafens

Um diesen Zustand möglichst umgehend zu beenden, begannen in den zuständigen Stellen und Gremien der BLG, dem Häfensenator und im Hafenamt (vor 1990: Hafenbauamt) intensive Überlegungen zur Zukunft des Überseehafens. Alle Planungen mußten eine Verstärkung der rund 80 Jahre alten und nun völlig maroden Konstruktion aus finanziellen Gründen ausschließen. Auch eine Erneuerung der Kaje durch Vorrammung einer verankerten Stahl-Spundwand wurde nicht weiter verfolgt, da dies Kosten von mindestens 100 Millionen DM mit sich gebracht hätte. Weiterhin zeichnete sich schon damals längst ab, daß die alten Hafenreviere auch künf-

Weihnachtlicher Überseehafen.

tig nicht mehr in befriedigender Weise wirtschaftlich betrieben werden konnten. Der Hauptgrund dafür ist der zugunsten des Containerverkehrs ständig zurückgehende Stückgutverkehr, für den die alten Häfen einmal projektiert worden waren.

Am Ende der Überlegungen stand fest, daß nur eine einzige Lösung schnell und kostengünstig zu realisieren wäre: die Einbringung einer tragfähigen Vorschüttung vor den Kajen, also eine Teilverfüllung des Überseehafens. Statische Berechnungen ergaben, daß eine solche Vorschüttung mindestens 4,70 Meter hoch und 15 Meter breit zuzüglich Abböschung unter 1:4 zu sein hätte. Das Vorschüttungsmaterial mußte, um eine stützende Wirkung zu haben, schwer sein und einen hohen Reibungswinkel haben, also mindestens Sandboden sein; Weichmaterialien wie Schlick, Klei bzw. Schluff kamen nicht in Betracht. Im Bereich des bei Schuppen 18 vorgesehenen Binnenschiffliegeplatzes war wegen der größeren hier benötigten Wassertiefe nur eine Vorschüttung von 4,20 Meter Höhe möglich. Statt des Sandbodens mußte an dieser Stelle Steinmaterial eingebracht werden. Die Ausführung der Arbeiten erfolgte unmittelbar auf die Erteilung der Plangenehmigung des Senators für Umweltschutz und Stadtentwicklung – obere Wasserbehörde – vom 29. Oktober 1991. Es wurden auf einer Länge von rund 2000 Metern insgesamt ca. 280.000 Kubikmeter Vorschüttboden eingebaut. Etwa 200.000 Kubikmeter stammten aus der Außenweser, der Rest aus einer Baumaßnahme im Holzhafen. Nach Abschluß der Stützungsmaßnahmen konnten die Kajen wieder für den Umschlag freigegeben werden, und auch der Anleger am Kopf des Überseehafens blieb nutzbar. Die Vorschüttungssohle von -5.00 NN ließ allerdings nur noch einen Verkehr mit Hafenhilfsschiffen zu; tiefgehende Schiffe konnten im Überseehafen nur noch im Bereich der Schuppen 15 und 17 abgefertigt werden. Die einschneidenden Nutzungsbeschränkungen, die der Überseehafen durch Einbringung der stützenden Vorschüttung erfahren hat, sind von der Öffentlichkeit kaum wahrgenommen worden, und Hafenbesucher stutzten beim Anblick des gähnend leeren Hafenbeckens.

Die Vorschüttung hatte zwar erfolgreich der unmittelbaren Gefahrenabwehr gedient, aber nichts an der Strukturschwäche des alten stadtbremischen Freihafenreviers geändert. Es war offensichtlich, daß insbesondere für den Überseehafen und seine altersschwachen Schuppen und Einrichtungen Maßnahmen entwickelt werden mußten.

Stillstand im Becken, Stillstand in der Politik

In einem Senatsbeschluß Ende des Jahres 1992 wurde die Umstrukturierung des Freibezirks und der nicht mehr aktiven Teile der rechtsseitigen Hafen- und Industrielandschaft im Rahmen des Ländersanierungskonzeptes beschlossen. Die für die Häfen und für die Stadtentwicklung zuständigen Senatsressorts sollten gemeinsam Planungsalternativen für diesen Bereich erstellen. Die BLG hatte bereits signalisiert, daß sie sich von dieser Weserseite vollständig zurückziehen werde. Ein umfangreiches Gutachten wurde in Auftrag gegeben und als frühe Überlegung zunächst die Herauslösung eines Teils des Europahafengeländes aus der Hafennutzung hin zu einer städtebaulichen Aufwertung entwickelt. Eine weiterführende Planungsidee sah nach dem partiellen Rückbau von Hafenanlagen die Erschließung eines Distributionszentrums vor. Wegen seines maroden Zustandes und der mit der Vorschüttung deutlich geminderten Beckentiefe kam dafür nur der Überseehafen in Betracht. Im Laufe der nächsten Jahre wurden die Projektplanungen nach und nach vorangetrieben.

Gleichzeitig entbrannte eine mitunter heftige öffentliche Diskussion um die Zukunft der alten Hafenreviere. Dabei kam es senatsseitig zu der äußerst ungünstigen Konstellation, daß die Vertreter der zuständigen Ressorts sich nicht auf eine gemeinsame Linie einigen konnten. Somit war jegliche konkrete Inangriffnahme der Umsetzungsentscheidung blockiert. Bei dem für die Stadtentwicklung zuständigen Senator wurden ganz eigene Wege zur »städtebaulichen Aufwertung« dieser citynahen Gebiete angedacht, denen aber weder der Häfensenator seine Zustimmung geben wollte, noch der Wirtschaftssenator sein Geld.

Um »Bewegung in die Hafennutzungsdiskussion zu bringen«, initiierte der BDA (Bund Deutscher Architekten) im

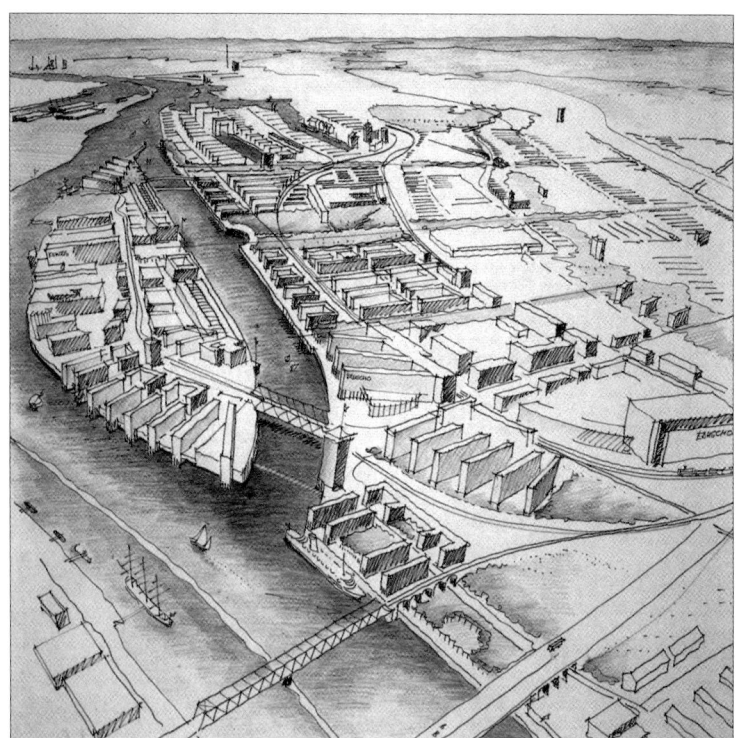

Bei dem BDA-Symposium 1992 erarbeitete eine Gruppe einen weitgehenden Vorschlag zur Umnutzung der Hafenreviere: Der Europahafen sollte durchgestochen und die so entstehende Insel bebaut oder als große Grünfläche genutzt werden. Der Überseehafen sollte das Zentrum einer modernen Wohnbebauung werden.

Lande Bremen unter dem Titel »Stadt am Strom« ein Symposium, dem 1992 noch ein zweites folgte. Es bot einem breiten Kreis von Architekten, Stadtplanern und Studierenden dieser Fächer die Gelegenheit zur Formulierung und Darstellung von Planungsideen für das rechte Weserufer. Verwirklicht oder auch nur weiterverfolgt, wurde indes nichts. Was geschah, waren lediglich Baumaßnahmen, z.B. im Bereich der Gleisführung im Europahafen, die jedoch nur verkehrstechnischen Überlegungen folgten.

Insgesamt ruhte das alte Hafenrevier. Erst das Jahr 1998, mit dessen Beginn die BLG aus der Zuständigkeit für den Europa- und den Überseehafen ausgeschieden war, brachte in kurzer Folge eine Reihe von Entscheidungen. Der Grund für diese neue, nach jahrelangem Stillstand so plötzlich eintretende Entwicklung lag formal jedoch nicht im Überseehafen selbst, sondern auf der anderen Weserseite im Ortsteil Neuenland. Nach jahrelanger, mitunter kontrovers geführter politischer Diskussion auf allen Ebenen erging am 10. März eine Grundsatzentscheidung des Bremer Senats zur Aufwertung des dortigen, in unmittelbarer Nachbarschaft zum Flughafen gelegenen Airport-Gewerbezentrums. Zu dessen Ausbau und Erweiterung sollte der hier ansässige Großmarkt verlegt werden. Als neuer Standort wurde das alte Hafenrevier rechts der Weser bestimmt, und zwar eine Fläche von 21 Hektar im Areal des Überseehafens. Nachdem diesbezüglich weitere Einzelheiten

Die Auffahrt von der Südkaje in den verfüllten Überseehafen. Auf der anderen Beckenseite sind die Schuppendächer der Nordkaje zu erkennen. Vorn links die Leitung für den Spülsand, hinten rechts die Mühlen am Holz- und Fabrikenhafen.

in der Wirtschaftsdeputation und dem Haushalts- und Finanzausschuß beraten und in den Dezembersitzungen beschlossen worden waren, sagte die Stadt der Bremer HAPEG (Hanseatische Projektentwicklungsgesellschaft mbH) den Verkauf eines Teils des bisherigen Überseehafenbereichs zur Errichtung eines modernen »Frische-Zentrums Nord« zu. Damit hatte Bremen, wie es senatsseitig formuliert wurde, den »Einstieg in die Neuordnung der bisherigen Hafengebiete rechts der Weser« gefunden. Der so lange Zeit nicht in Angriff genommene »Einstieg« begann also mit der endgültigen Entscheidung über die Zukunft des Überseehafens, die mit der

Beim »Rainbow-Verfah-
ren« wird der Sand in
hohem Bogen direkt aus
dem Schiffsrumpf ins
Becken gespült. Diese

Methode kam während
der Verfüllung jedoch
nur einige Tage im Ok-
tober 1998 zu Versuchs-
zwecken zum Einsatz.

beschlossenen Verfüllung sein Ende brachte. Das heißt, eigentlich war in den langjährigen, auf dem großen Gutachten
des Häfen- und des Bausenators basierenden Planungen noch
gar nicht lange von einem vollständigen Aus für das Becken
die Rede gewesen, sondern nur im oberen Teil bis zum
Kajeversprung sollte kein Hafen mehr bestehen. Äußerst kurzfristig erfolgte dann auch die Genehmigung für die vollständige Zuschüttung. Ob damit der Einstieg möglicherweise
schon mit einem Schuß über das Ziel hinaus begonnen wurde, ist nicht zu beurteilen, denn der vom Senat in Auftrag
gegebene Rahmen- oder »Masterplan« wird erst im Frühjahr

2000 vorliegen. Darin einfließen werden die ausgewerteten Ergebnisse des im Sommer 1998 europaweit gestarteten Investorenausschreibungsprogramms (Verhandlungsverfahren für die Projektstudien Alte Hafenreviere).

Ein »Sachentscheidungsgrund« für das kurzfristige Handeln des Senats war finanzieller Natur. Im Rahmen einer Außenweservertiefung wurden 1998 große Mengen Sand ausgebaggert. Das Hafenamt erkannte dies als günstige Gelegenheit, schnell in den Besitz von Füllmaterial für den Überseehafen zu gelangen. Die Ausbaggerung der Außenweser besorgte die »Sand-« oder auch »Bagger-ARGE«, wie die für dieses Projekt gebildete Arbeitsgemeinschaft von drei Firmen genannt wurde. Die ARGE und das für die Außenweservertiefung zuständige Wasserwirtschaftsamt Bremerhaven erklärten sich grundsätzlich bereit, den von ihr geförderten Sand für die Verfüllung des Bremer Überseehafens zu liefern. Durch die schnelle Übereinkunft mit allen Beteiligten konnten die veranschlagten Gesamtverfüllkosten um einen zweistelligen Millionenbetrag gesenkt werden.

Dreieinhalb Millionen Kubikmeter Sand und das Ende des Überseehafens

Anfang Juni wurde das Becken des Überseehafens im oberen Bereich gesperrt, und mit der Verklappung von Außenwesersand begann der erste Bauabschnitt für einen Abschlußdamm in Höhe des Kajeversprungs zwischen Schuppen 13 und 15. Die Verfüllung sollte ursprünglich nur bis hierher durchgeführt werden. Am 1. Juli 1998 erging der Bescheid über die Zulassung des vorzeitigen Beginns der Teilverfüllung durch die Planfeststellungsbehörde. Dies war zugleich der letztmögliche Termin zur Erteilung des verbindlichen Auftrags an die Sand-ARGE, die andernfalls den ausgebaggerten Sand an Tief-

Blick vom Hochhaus der BLG in den halb-verfüllten Überseehafen. Bis auf einen Voll-portalkran vor Schuppen 15 sind alle Krane abgebaut, die Schuppen werden zum Teil noch genutzt. Gut zu erkennen sind die Entwässerungsgraäben vor den Kajen.

stellen der Außenweser verklappt hätte. Unmittelbar nachdem am 11. September die Genehmigung für den von der Hafen-behörde beantragten zweiten Teil der Verfüllung des Über-seehafens bis zum Wendebecken vorlag, wurde erneut die ARGE für die benötigten Sandlieferungen und Einspülungen beauftragt.

Für die Sandaufnahme, den Transport und die Einbringung waren sogenannte »Hopperbagger« im Einsatz, von denen zeit-weilig bis zu drei gleichzeitig arbeiteten. Hopperbagger sind hochtechnisierte Spezialschiffe. Im Gegensatz zu Saugbaggern können sie den Sand während der Fahrt aufnehmen. Sie för-

dern ihn auch nicht in andere Fahrzeuge, sondern in ihre bordeigenen, mit Verklappungsmechanismen versehenen Bunker (englisch = hopper) mit insgesamt 5000 Kubikmeter Fassungsvermögen. Das Verklappen als schnellstes und kostengünstigstes Verfahren zur Sandeinbringung kam jedoch für die Verfüllung des Überseehafens nur in wenigen Teilbereichen des unteren Beckenabschnitts in Betracht. Die früheren Vorschüttungen erlaubten das Einfahren der Hopperbagger nur im unteren Bereich und entlang der Nordkaje bis zum Kajeversprung. Statt dessen wurden auf der gesamten Länge der Südkaje Spülrohre (Stahl, Durchmesser 800 mm) verlegt, in denen der Sand aus den Bunkern der im Wende-becken liegenden Baggerschiffe über eine schwimmende Verbindungsleitung bis zum Hafenkopf gespült werden konn-te. Nach einer rechtwinkligen Krümmung endete hier das Rohr, aus dem in einer großen Fontäne der Sand in das Bek-ken eingebracht wurde. Als die Höhe des Sandes über die des Wasserspiegels geklettert war und schließlich auch die der Kajen überschritten hatte, wurde das Spülrohr in das Becken auf den Sandboden hinaus verlängert. In der Beckenmitte folgte erneut ein Winkelstück, so daß das Ende der Spülleitung

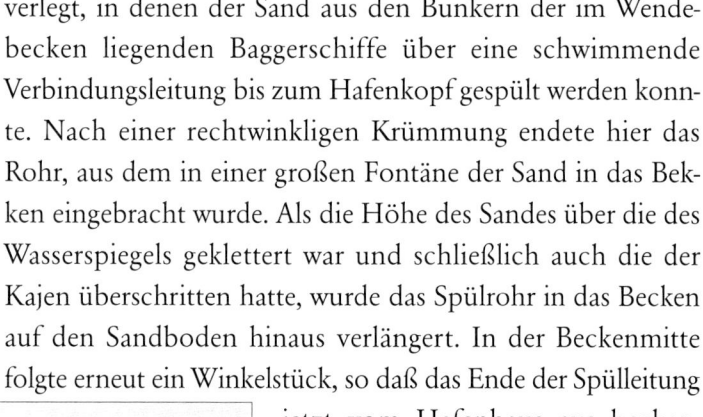

Schwere Raupenfahr-zeuge planieren das Spülfeld. Dahinter die Kaje, an der noch die Namen der letzten hier festgemachten Schiffe zu lesen sind.

jetzt vom Hafenhaus aus becken-abwärts ragte. Von nun an konnte der Überseehafen von oben herab kon-tinuierlich zugespült werden. Das Spülfeld entwickelte sich zu einer fla-chen Ablaufböschung, die den zahl-reichen Schaulustigen das Bild einer Nordsee-Priellandschaft vermittelte. Auch Bernstein-Sammler mischten sich bald darunter, die den Verboten des Begehens zum Trotz das Spülfeld absuchten und auf dem mit Mu-scheln übersäten Nordseeboden auch fündig wurden. Hinter und vor dem Stück für Stück verlängerten Rohr sorgten Planierfahrzeuge für die Her-stellung einer gleichmäßigen Fläche und für die Errichtung von seitlichen Spüldämmen. Wie gefährlich der Aufenthalt auf dem frisch ein-gespülten, noch längst nicht gesetz-ten Sand war, mußte auch der Fah-

rer einer Planierraupe feststellen. Sein Fahrzeug war unverse-
hens so tief eingesunken, daß nur noch das Führerhaus, auf
das sich der Mann gerettet hatte, herausragte.

Da das Becken des Überseehafens zugleich Bestandteil des
Systems der Abführung des im umliegenden Areal anfallenden Oberflächenwassers war, mußte links und rechts des Sand-
berges zu den Kajen je ein Entwässerungsgraben freigehalten
werden. Zugleich waren sie von vornherein als Baugrube für
den Abbau der Kajen konzipiert worden, dem letzten Abschnitt der Hafenrückbauung, die in allen Teilen erst nach
Erscheinen dieses Buches abgeschlossen sein wird. Aus die-

Der große »Rüssel« ei-
nes Hopperbaggers ge-
gen Ende der Ver-
füllung. Das Rohr hat
einen Durchmesser von
fast einem Meter. Foto
von Anfang November
1998.

sem Grunde, und um die zu erwartenden Sandsetzungen von
einigen Dezimetern aufzufangen, mußte auch der Spülberg
drei bis vier Meter höher angelegt werden als die Kajen. Somit war aller Sand, der höher lag als Oberkante Kajen, das
benötigte Material für die anschließende Zuschüttung der Ent-
wässerungsgräben und der durch die Beseitigung der
Betonkajen freiwerdenen Räume.

Neben der Einspülmethode und den vereinzelten Verklap-
pungen kam versuchsweise und nur für kurze Zeit auch eine
dritte Technik der Sandeinbringung zum Einsatz. Im sogenannten »Rainbow-Verfahren« wurde im oberen Bereich von

Schuppen 15 der Sand direkt aus dem Schiffsrumpf eines Hopperbaggers verfüllt. In eindrucksvollem Schauspiel schossen bordeigene Sandkanonen ihre Ladung in hohem Bogen in das Becken. Durch Windeinfluß kam es jedoch zu unerwünschten Sandverwehungen auf der Kaje und im Bereich der Schuppen, die ja zum Teil noch als Lagerflächen genutzt wurden. Zwischen der Ankunft des ersten Hopperbaggers im Überseehafen am 21. Juli 1998 und der Abfahrt des letzten am 20. Dezember lagen mehr als 670 Fahrten, auf denen knapp dreieinhalb Millionen Kubikmeter Sand abgeliefert worden waren.

Um weiteren Sandflug zu vermeiden, wurde die Düne mit einem System von Sandfangzäunen aus Reitmatten versehen. Einen noch besseren Schutz gegen Verwehungen bot jedoch eine andere Maßnahme, nämlich die Begrünung der Düne. Damit in dieser Sandwüste überhaupt Pflanzen gedeihen konnten, mußte ein spezielles, mehrstufiges Anspritzverfahren angewandt werden. Es ermöglichte die gleichmäßige und flächendeckende Aufbringung von bodenverbessernden Mitteln und des eigentlichen Saatguts. Neben einem Gemisch zahlreicher Grassorten wurde Winter- und Sommerroggen als Deckfrucht hydraulisch angespritzt. Als dieser im Frühjahr 1999 seine frischen grünen Halme vom Wind hin und her wiegen ließ, nahm sich der ohnehin schon merkwürdige Anblick von Kajen, Pollern und Schuppen, die statt einer Wasserfläche einen Sandberg umrandeten, noch seltsamer aus.

Das Korn soll jedoch nicht geerntet werden, sondern sich durch Selbstaussaat vermehren und die Oberfläche der Düne weiter festigen, bis sie für die Herrichtung als Baugrund erneut planiert wird.

Schlußwort

Nachdem sich alle Pläne für die Anlage eines Binnenschiffhafens im südöstlichen Bereich des alten Neustädter Wallgrabens zerschlagen hatten, wurde 1903 der hier gelegene Oberländische Hafen zugeschüttet. Rückblickend kommentierten die beiden Bremer und Bremerhavener Bauräte Peter Hedde und Paul Beck 1928 dazu: »Der Fall zeigt wieder, daß die Stadt die Häfen verdrängt, wenn sie nicht organischer Teil der Stadt sind.« Im 1952 erschienenen »Bremen und seine Bauten« wird dieser Zusammenhang umgedreht und als drohende Mahnung zum Ausbau der Infrastruktur des Hafens verwandt. Zur Forderung nach dem Bau neuer Gleise und Straßen heißt es: »[Es] wäre falsch, die Aufnahmefähigkeit eines Hafens zu erhalten oder noch zu vergrößern, wenn nicht die An- und Abfuhr auf den Binnenwegen in das richtige Verhältnis zu ihr gebracht würde.«

Vor seiner Verfüllung hatte im Überseehafen schon jahrelang so gut wie keine »An- und Abfuhr« mehr stattgefunden und somit kaum noch etwas im richtigen Verhältnis zu einander gestanden. Ein Vorbote dafür stammt schon aus der Zeit, als noch viele Stückgutfrachter nach Bremen gekommen waren. Seit nach dem abgeschlossenen Wiederaufbau der Europahafen eine größere Tiefe aufwies, war bald darauf die spitzfindige Bemerkung zu hören, daß das flachere Nachbarbecken doch sein »Übersee«-Prädikat nun eigentlich abzugeben hätte.

Im Überseehafen hatten zwar mit Container-Umschlag, Roll-on-roll-off-Verkehr und den ersten Lash-Barges noch wichtige Neuerungen der Hafenumschlagstechnik Eingang gefun-

den, doch die räumlichen und baulichen Umstände von Becken und Kajen erlaubten nur Provisorien. Als dem Erfolg der Anlagen der Wunsch nach deren Ausbau folgte, erwies sich der Überseehafen als ungeeignet. Für die zukunftsorientierte Angleichung der Umschlagskapazität nach dem zwingenden Maßstab des sich schnell ausweitenden Container-Verkehrs kamen nur der Neustädter Hafen und vielmehr noch die mit üppigen Ausbaureserven in Bremerhaven gelegenen Stromkajen in Betracht. Der Ro/Ro-Umschlag war großflächig in den Europahafen umgezogen, jedoch nicht ohne auch hier konsequentes Handeln erforderlich gemacht zu haben: Zum Bau der überdachten Anlage mußten zunächst 300 Meter des alten Hafens I zugeschüttet werden. Der inzwischen

Der verfüllte Hafenkopf und die Prillandschaft vor Schuppen 13 und 14. Oben links einer der drei »Hopperbagger«, die den Sand in der Außenweser aufnahmen, nach Bremen fuhren und über eine Spülleitung vom Wende- becken aus in den Überseehafen einbrachten. Am linken Bildrand die Einfahrt zum Europahafen und die zum Verkauf und zur Verschrottung abgestellten Krane des Überseehafens an der Nordseite.

Schuppen 14 abgerissen. Nur noch Teile der Umfassungsmauern samt Kranbahn und die Betriebsbebäude stehen noch.

Beim Abriß von Schuppen 14 fanden sich viele deutsche Granaten, samt nebenliegenden Zündern. Sie lagen seit dem Neubau unter dem Schuppenboden. Auch ein alter Elektrokarren kam zum Vorschein (unten).

von der BLG völlig aufgegebene Verkehr mit Lash-Barges mußte wie nahezu der gesamte Umschlag mit dem weitgehenden Verlust der Seeschifftiefe nach der 1991 erfolgten Vorschüttung eingestellt werden. Was blieb, war ein spärlicher Rest Stückgutumschlag in den Schuppen 15, 17 und 19 und einiger Binnenschiffsverkehr. Im ganzen Jahr 1997 kamen nur noch 20 Seeschiffe in den Hafen. Das letzte überhaupt war im Herbst 1998 die »Nordland« vor Schuppen 17.

Als von Juli bis Dezember 1998 der Überseehafen nach und nach verfüllt wurde, hatten sich an den Wochenenden viele Besucher zur Besichtigung der Sandeinspülungen eingefunden. Unter ihnen waren viele bedauernde Stimmen zu hören. Das Spektrum reichte von früheren Hafenarbeitern bis zu den Verfechtern einer stadtplanerischen Einbeziehung seiner Wasserfläche in die weitere Nutzung des Areals. Daß die Kajen, auf denen dies geäußert wurde, irreparabel hinfällig waren und überhaupt die Schiffahrt solche Becken nicht mehr benötigt, ist beim beeindruckenden Anblick des langsamen Verschwindens einer Industriebrache, die Tausende von Männern und ihre Familien vielleicht ein Berufsleben lang ernährt hat, sicher nicht einen Moment lang von Interesse.

Ganz ohne Erinnerungen, aber dennoch voller Emotionen war schon vor und während des Beginns seiner Verfüllung der Überseehafen ein brisantes Thema in der teils öffentlich organisierten Diskussion um die Zukunft des alten Freihafenreviers gewesen. Einen neuen Fakt wird sie ein Jahr nach Ende des Überseehafens erhalten, wenn 111 Jahre nach seiner Einrichtung 1888 der Zollzaun seine Grenzfunktion verlieren und teilweise abgebaut werden wird. Seine Abschottung hatte bisher vielen alternativen Nutzungsideen und -projekten entgegengestanden. Nur der Neustädter Hafen wird als »Freihafen« weiterbestehen, wobei zu bemerken ist, daß es diesen Status nach

europäischem Zollrecht seit 1969 eigentlich nicht mehr gibt
und er nur noch als geduldete Ausnahme besteht. Auch durch
die Verlegung der Deichlinie wird das Gebiet des ehemaligen
Überseehafens im Wert gesteigert werden. Sie umläuft dann
nicht länger den alten Hafenkopf II, sondern verläuft hinten
am Abschlußdamm beim Wendebecken und von dort weiter
zur Weser. Dadurch erhält eine rund 75 Hektar große, vorher
außendeichs gelegene Fläche nun wertvollen Deichschutz.

Die stadtplanerische Debatte wird auch ohne den alten
»Hafen II« weitergehen. Sie wird vermutlich erst beendet sein,
wenn sein Areal vollständig bebaut ist und von ihm nur noch
einige Bauten wie der denkmalgeschützte Speicher XI, der
Molenturm oder das Hafenhaus übriggeblieben sind sowie
Tausende von Holzpfählen tief im Untergrund der alten
Kajelinien.

Kleines ABC
vom Überseehafen und umzu 1999

Anbiet

Das niederländische Wort für Frühstück heißt »ontbijt«, und aus »ont-bijten« für »anbeißen« wurde im Jargon der Seeleute der A. für die Einnahme einer kleinen Zwischenmahlzeit. Im Hafen gab es mehrer A.-Hallen oder -Buden (➔ Ottilie-Hoffmann-Haus).

Betriebsgebäude

werden die den ➔ Schuppen angegliederten Räumlichkeiten genannt, die nicht zur Unterbringung von Waren oder Betriebsmitteln dienen. Von den ersten »Buden« genannten Einbauten für Schreibarbeiten entwickelten sie sich zu selbständigen Gebäuden mit Büros, Sanitäranlagen und Pausenräumen für die Arbeiter. Jeder Schuppenabteilung ist in der Regel ein B. zugeordnet.

Bezugshöhen

(siehe Tabelle unten)

Die Bezugshöhentabelle des ➔ Hafenamts Bremen (1992) gibt Aufschluß über die Abhängigkeiten der verwendeten Pegelhöhen.

Bezugshöhentabelle

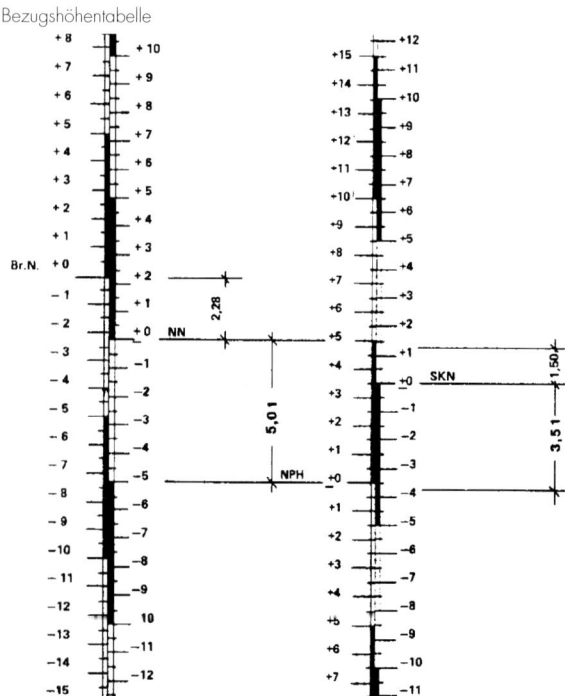

BLG ➔ Bremer Lagerhaus-Gesellschaft

Bremen Civil Port Authority office (German)

war die offizielle Bezeichnung für die Amerikanische Hafenbehörde für den Nachschubhafen Bremen nach 1945. Im Gespräch ist die Umwandlung des heutigen ➔ Hafenamts in ein »Port authority office« umzuwandeln.

Bremer Lagerhaus-Gesellschaft (BLG)

Die BLG wurde im Jahre 1877 auf Initiative von Bremer Kaufleuten als Aktiengesellschaft gegründet und nahm den Betrieb im Sicherheitshafen auf. Die Aufgabe der Gesellschaft war Hafenumschlag und Güterlagerung, in den ersten Jahren mit Schwerpunkt Getreide und Baumwolle. Auf Basis von Betriebsüberlassungsverträgen mit dem bremischen Staat wurde ihr elf Jahre später auch die Betriebsführung des 1888 eröffneten Freihafens I und 1906 die für Hafen II, den späteren Überseehafen, sowie weiterer Hafenteile übertragen. 1953 übernahm die BLG auch die Bewirtschaftung der Freihafenanlagen in Bremerhaven und auch die des Neustädter Hafens (1964). 1998 wurde das Unternehmen in die Holding BLG AG & CO umgewandelt, unter deren Dach sieben handelsrechtlich selbständige Einzelgesellschaften arbeiten. Die BLG hat seitdem ihr Dienstleistungsangebot vergrößert und hat sich dadurch zu einem weltweit engagierten Logistik-Dienstleister entwickelt. Sitz der Gesellschaft ist das Hafenhochhaus beim Kopf des Überseehafens.

Bremer Null (BN)

Die Höhenbezeichnung »Bremer Null« wurde vor allem im 19. Jahrhundert für Höhenangaben im Bremer Staatsgebiet benutzt. Bezugspunkt war der Nullpunkt des ➔ Pegels an der großen Weserbrücke (nahe der heutigen Wilhelm-Kaisen Brücke). Er liegt 2,284 Meter über ➔ NN. Bereits die von G. Treviranus 1819 in der Bremer Altstadt durchgeführten Vermessungen bezogen sich auf diesen Pegel. Ebenso war er der Ausgangspunkt für das 1869/70 vorgenommene Nivellement des Bremer Gebietes, das das damalige Bremer Landgebiet einschloß. Im Königreich Hannover bezog man sich dagegen auf das »Harburger Null« (0,118 Meter unter NN). Das BN wurde im bremischen Staatsgebiet noch lange nach der Einführung des NN verwendet.

Bremer Schiffsmeldedienst

Die Registrierung von Schiffsbewegungen auf der Weser wird seit 1948 von der Firma »Bremer Schiffsmeldedienst« privatwirtschaftlich betrieben. Hauptaufgabe des B.S. ist die Sammlung und Veröffentlichung von Daten über alle auf der Weser erwarteten, angekommenen, befindlichen, liegenden und abgefahrenen Seeschiffe. Die Firma mit Sitz im ➔ Hafenhaus und in Bremerhaven arbeitet eng mit den bremischen Behörden zusammen. 1996/97 entwickelte der B.S. die im Internet abrufbare Datenbank »WETRIS« (Weser Traffic Information Service).

BRT (Bruttoregistertonne) ➔ **Registertonne**

Container

haben weltweit den Transport von Stückgut übernommen und somit das Hafenbild entscheidend verändert. C. sind als TEU (= Twenty-Feet-Equivalent-Unit) genormt und können in einer Transportkette als Lade-, Beförderungs- oder Lagereinheit eingesetzt werden oder alle Funktionen zugleich erfüllen. Erstmals wurden C. 1966 im Überseehafen bei Schuppen 18 gelöscht. Die ➔ BLG schlug 1998 in Bremen und Bremerhaven 1,82 Millionen C. um. Eine inzwischen nicht mehr betriebene Sonderform sind Lash-Barges (Lighter aboard Ship), die als schwimmbare Container wie Schubverbände bewegt werden können.

Dalben

sind Rammpfähle aus Holz oder Stahl, die zumeist in Gruppen stehen und dem Festmachen (➔ Festmacher) der Schiffe dienen.

Dampfervorleute ➔ Vormann

Decksmann

ist ein ➔ Hafenarbeiter und erfahrenes Mitglied eines ➔ Ganges. Er wird vom ➔ Vormann mit der Aufgabe betraut, für die Sicherheit im Bereich der Anhebe- und Absetzfläche des Krans oder eines anderen Hebezeugs zu sorgen. Nur auf sein Handzeichen darf sich die ➔ Hiev in Bewegung setzen.

Deichlinie

ist die Bezeichnung für eine planfestgestellte Hochwasserschutzlinie, deren Höhe (»Bestickhöhe«) auf dem prognostizierten Bemessungswasserstand einschließlich eines sich auf das Jahr 2100 beziehenden Sicherheitszuschlags beruht. Die Oberkante dieser D. muß in Bremen eine Mindesthöhe aufweisen von +7,00 ➔ NN bei massiven Bauteilen wie Spundwänden oder Hochwasserschutzmauern und +7,50 NN bei Gründeichen.

Die D. auf der rechten Weserseite verläuft im Bereich der stadtbremischen Häfen von Vegesack her die Weser flußaufwärts kommend über die Industriehafenschleuse, an der Nordseite und am Kopf des Holzhafens entlang bis zum Speicher XI, an Schuppen 13 vorbei zur Barkhausenkaje und mit dem Kopf des Überseehafens (vom Lesumsperrwerk bis hierher sind es 16,35 Kilometer) an der Stirnseite von Schuppen 14 entlang zur Nordseite des Europahafens über dessen Hafenkopf zurück zur Weser. In Planung ist die Verlegung der D., die dann von der Südkaje des Holz- und Fabrikenhafens über den Abschlußdamm des verfüllten Überseehafens zur Nordkaje Europahafen verlaufen wird.

Deichschart

wird eine den Deich unterbrechende Öffnung genannt und dient zumeist für die Durchführung einer Straße. Bei Warnungen vor starken Hochwassern wird das D. vom Deichverband mit Dammbalken aus Aluminium geschlossen.

Bis zur geplanten Verlegung der ➔ Deichlinie liegen D. im Überseehafen bei den Kreuzungen der Staßen mit der Deichlinie, bei der Eduard-Suling-Straße, der Einfahrt zwischen Speicher XI und Schuppen 13

sowie bei der Bückingstraße und an den Zufahrten zur Kajenfläche, wo sie von der Kajenkante bis zu den Schuppenrampen reichen.

Deichverband

Die D. sind Selbstverwaltungskörperschaften mit der Aufgabe, durch Bau und Instandhaltung von Deichen ihr Verbandsgebiet vor Hochwasser oder Sturmfluten zu schützen und die im Deichschutz liegenden Grundstücke zu be- und entwässern. An der Spitze des »Bremischen Deichverbands für das rechte Weserufer« steht als gewählte Mitgliedervertretung das Deichamt. Für die ständige Überwachung der einzelnen Deichstrecken sind Deichgeschworene eingesetzt. Bei der Wahl des Deichamts hat jedes Verbandsmitglied eine Stimme, mehrere Mitglieder eines Grundstückes haben zusammen ebenfalls nur eine Stimme. Die Deichlasten liegen als unabdingbare Last auf allem hochwassergeschütztem Land. In der Stadt Bremen gibt es für jede Weserseite einen D.

Dockhafen

wird ein durch eine Dockschleuse abgeschlossener Hafen genannt. Ein D. hat nur ein Schleusenhaupt, das meist mit doppelkehrenden Toren ausgerüstet ist. Sie sind nur bei gleichhohen Wasserständen innen und außen für den Schiffsverkehr passierbar. Der Industriehafen und die Häfen in Bremerhaven sind keine D., sondern Schleusenhäfen.

Ebbe ➔ Tide

Europahafen ➔ Freihafen

Fender

sind prall mit Kork, Faserstoffen oder anderen Materialien gefüllte Kissen oder Rollen aus Tauwerk, Leder, Segeltuch oder Gummi. Sie dienen als Schutzpolster, die beim Anlegen eines Schiffes auftretenden Stöße abfangen und mildern sollen, um so eventuelle Beschädigungen von Kaimauer und Schiffsrumpf zu verhindern (engl. to fend off = abwehren).

Festmacher

ist eine Berufsgruppe, deren Angehörige mit dem Festmachen (Vertäuen) das sichere Befestigen der Schiffe an den Kajepollern (➔ Poller) oder auch ohne Landverbindung vom Festmacherboot aus an den ➔ Dalben besorgen. Die F. verrichten somit den ersten landseitigen Dienst am Schiff und beim Ablegen auch den letzten. Die beim alten ➔ Hafenamt angestellten Festmacher sind 1971 durch Privatisierung dieses Aufgabenbereichs Beschäftigte der drei Firmen Festma, Richter und Meyer geworden. Nur die Festma Vertäugesellschaft mbH besteht noch selbständig und bedient mit der vereinigten Tochterfirma Richter & Meyer die an- und ablegenden Schiffe in Bremen und Bremerhaven.

Flut ➔ Tide

Fluthafen ➔ Tidehafen

Freihafen

ist die alte Bezeichnung für einen Hafen im ➔ Zollfreigebiet. Gemäß EU-Recht sind dies heute »Freizonen«, die aber in ihrem Status den vormaligen F. (= außerhalb des deutschen Zollrechts liegendes Gebiet) weitgehend gleichgestellt sind. Wie im alten Bremer F. dürfen in dem vom ➔ Zollzaun umgebenen Areal Güter unverzollt gelagert und umgeschlagen werden.

In Bremen war »Freihafen« der Name für das Becken des heutigen Europahafens. Mit Bau des zweiten Freihafenbeckens kamen die Namen »Hafen I« und »Hafen II« auf, die 1938 in Europa- und Überseehafen geändert wurden.

Freizonen ➔ Freihafen ➔ Zollfreigebiet

Gang

Ein G. meint die in einer Schicht zusammenarbeitende Gruppe von Männern, die mit dem Löschen oder Laden von Schiffen beschäftigt ist. Bei den alten Stückgutfrachtern gab es häufig einen »Bordgang«, dessen Mitglieder im Schiff ➔ Hiev für Hiev zusammentragen und einen »Landgang« von Männern, die die gelöschten Waren auf der Schuppenrampe vom Kranhaken in Empfang nehmen und in den Schuppen, den Speicher, einen Waggon oder in einen LKW befördern. Leiter eines Gangs ist der Vorarbeiter (»Vize«).

Gangway

ist das englische Wort für Landgang und bezeichnet auch die aufrollbare »Jakobsleiter« mit hölzernen Sprossen, die über die Reling an der Bordwand heruntergelassen wird oder die seitlich auf die ➔ Kaje abgesenkte Treppe.

Gefährliche Güter

ist ein feststehender Begriff für explosive, giftige, leicht entflammbare, radioaktive, ätzende oder auf andere Art für Menschen potentiell gefährliche Stoffe. Der Umgang mit gefährlicher ➔ Ladung kann in Kursen der ➔ Hafenfachschule erlernt werden. Für G.G. sind in den Häfen entsprechende Lagerplätze bzw. Gefahrgutschuppen vorgesehen. Im Überseehafen steht ein Gefahrgutschuppen östlich neben Schuppen 16 zur Verfügung, und westlich hinter Schuppen 18 befindet sich eine Gefahrgutanlage, zu der auch eine zur Druckentweichung nach oben offene Explosionsanlage gehört. Weniger explosiv aber für ➔ Hafenarbeiter nicht minder gefährlich war eine hier in den 1970er Jahren umgeschlagene ➔ Ladung: Sie bestand aus einigen Eisbären, die hier gesicherten Auslauf nehmen konnten.

Gesamthafenbetrieb ➔ Gesamthafenbetriebsverein ➔ Hafenbetriebsverein

Gesamthafenbetriebsverein im Lande Bremen e.V. (GHBV)

Der GHBV entstand im Laufe der 1960er Jahre, um für den ➔ Hafenbetriebsverein, der als Arbeitgeberverband keine ➔ Hafenarbeiter selbständig beschäftigen kann, die Personalorganisation zu übernehmen. Als solcher verwaltet er den Gesamthafenbetrieb, der in seiner heutigen Form 1947 vom Land Bremen und 1950 durch Bundesgesetz sanktioniert wurde und den eigentlichen Arbeitgeber der heute rund 700 Hafenarbeiter in Bremen und Bremerhaven darstellt. Außerdem nimmt der GHBV weitere ordnungspolitische Funktionen des Gesamthafenbetriebs der bremischen Häfen wahr.

Gezeiten ➔ Tide

Hafen

ist ein natürliches oder künstliches Wasserbecken mit oder ohne Ufereinfassungen. Ein H. ist ausgestattet mit Einrichtungen für den Personenverkehr, Güterumschlag und -transport zwischen Schiff und Land, häufig auch mit Anlagen für Schiffsausbesserung und -neubau. Unterschieden werden Seehäfen, Binnenhäfen, Flußhäfen, Kanalhäfen sowie offene Häfen, ➔ Tidehäfen, ➔ Dockhäfen, ➔ Schleusenhäfen und funktionsweise die ➔ Freihäfen und Militärhäfen.

Der Überseehafen war ein offener H., stand also über die Weser in freier Verbindung zum Meer, d.h. sein ➔ Wasserstand wechselt mit den Gezeiten (➔ Tide). Weitere offene H. in Bremen sind: Hohentorshafen, Europahafen, Holz- und Fabrikenhafen, Getreidehafen, Werfthafen, Kap-Horn-Hafen, Neustädter Hafen (Becken II), Mittelsbürener Hafen (Klöckner Hafen), Sporthafen Hasenbüren und Grohn, Vegesacker Hafen, Rönnebecker Hafen; als Schleusenhafen besteht der Industriehafen; als Binnenhafen der Sporthafen Hemelingen, der Fulda-, der Werra- und der Allerhafen.

Hafenamt ➔ Hafenbauamt

Hafenarbeiter

werden seit Bestehen der 1975 gegründeten ➔ Hafenfachschule zu Facharbeitern ausgebildet. Vorher galt als H. jeder, der unmittelbar an der Güterbewegung beteiligt war. Obwohl ständig im Hafen tätig und mit Gütern in Kontakt, zählen deshalb ➔ Küper oder ➔ Tallymänner nicht dazu. Neben dem unterschiedlichen Rang, den ein H. vom einfachen Mitglied eines ➔ Gangs über den ➔ Decksmann, zum ➔ Vorarbeiter und ➔ Stauer bekleiden kann, gab und gibt es zum Teil noch drei verschiedene Statusgruppen. Ein H. kann vertraglich als Festangesteller eines Hafenbetriebes tätig sein, als Unstetiger (»ständig unständiger«) von einem Tag zum anderen bei unterschiedlichen Arbeitgebern oder als Hilfsarbeiter, der nur gelegentlich an einer Schicht im Hafen teilnimmt.

Hafenarzt ➔ Hafengesundheitsamt

Hafenbahn

Zur H. gehören alle im bremischen Besitz befindlichen Eisenbahneinrichtungen im Hafen. An festgelegten Übergabepunkten wechselt die Zuständigkeit mit der Deutschen Bahn-AG. Vor dem Abbau der Gleise des »Bahnhofs Zollausschluß« und anderen Gleisstillegungen in den bremischen Häfen hatten die Gleise der H. zusammengerechnet eine Länge, die weit größer war als die Entfernung zwischen Bremen und Berlin. Allein im Überseehafen kamen auf einen Kilometer Kaje zehn Kilometer Gleise.

Hafenbauamt

1890 wurde die Bauinspektion für Freibezirk und Holzhafen gegründet. Aus ihr ging die Bauinspektion für Zollausschlußgebiet, Holz- und Fabrikenhafen sowie Industrie- und Handelshafen hervor, aus der 1913 das Hafenbauamt Bremen wurde. Das Amt übernahm nach 1915 auch das Bremische Eisenbahnbauamt. 1958 kamen mit Bau und Instandhaltung des Bremer Flughafens Teile der Aufgaben des Amtes für Straßen- und Brückenbau hinzu. Das H. bestand aus den sieben Abteilungen Verwaltung, allgemeine technische Angelegenheiten, Maschinenbau/Elektrotechnik, Hochbau/Brückenbau, Tiefbau, Wasserbau und Eisenbahnbau. Neben dem H. als technisches Amt bestand das »alte« Hafenamt mit Zuständigkeit für alle nautischen Belange. Zum 30. März 1990 wurden sie unter der Amtsbezeichnung »Hafenamt Bremen« zusammengelegt. Zum 1. Juni 1998 verschmolz das Hafenamt Bremen mit dem Hansestadt Bremischen Amt Bremerhaven, das für die Häfen in Bremerhaven zuständig war, und nennt sich seitdem Hansestadt Bremisches Hafenamt mit den beiden Bezirken Bremen bzw. Bremerhaven. Auch diese letzte Bezeichnung wird sicherlich einmal wieder geändert werden. Auf der Suche nach effektiveren Organisationsstrukturen bedient sich die Verwaltung zusehends des Optimierungs- und auch des Begriffsrepertoires der freien Wirtschaft. Im Gespräch ist z.B. die Einführung der modern-anglisierenden Bezeichnung »Port authority office«, die allerdings, was den Namen angeht, für die bremischen Häfen gar nichts neues wäre (➡ Civil Port authority office).

Hafenbehörde
ist die für die bremischen Häfen zuständige senatorische Behörde. 1999 fiel das Hafenressort in den Aufgabenbereich des Wirtschaftssenators.

Hafenbetriebsverein im Lande Bremen e.V. (HBV)
Der 1914 von 56 Firmen gegründete HBV fungiert als Arbeitgeberverband der Bremischen Hafenwirtschaft. Bis zur Gründung des ➡ Gesamthafenbetriebsvereins war er zugleich Arbeitgeber der »ständig unständigen« ➡ Hafenarbeiter. Die Bezeichnung leitet sich davon ab, daß sie zwar dauernd im Hafen beschäftigt waren, aber nicht in einem festen Arbeitsverhältnis standen. Sie hießen auch »De Lüd anne Eck«, weil sie sich an bestimmten Treffpunkten, Häuserecken oder auch Kneipen, aufhielten und darauf warteten, von ➡ »Vizen« oder »Schuppenmeistern« der Firmen, die Arbeitskräftebedarf hatten, abgeholt und eingeteilt zu werden. Oft genug kam es vor, daß sie an Tagen mit weniger Hafenverkehr kleinere Bestechungsangebote um den begehrten Platz in einem ➡ Gang erhielten, z.B. auf Getränkebasis mit einer »Kleinen Lage«.

Hafenfachschule (HFS)
Die HFS heißt seit 1995 »Transport & Logistik.hfs«. Sie ist ein Institut der Hafenfachschule im Lande Bremen e.V., ihres paritätisch von ÖTV und ➡ Hafenbetriebsverein gehaltenen Trägervereins. Seit der Gründung der HFS 1975 erhielten mehr als 2000 ➡ Hafenarbeiter aus Bremen, Bremerhaven und den Häfen Brake, Nordenham und Cuxhaven den Facharbeiterbrief. Der typische Hafenarbeiter, der mit allen Tätigkeiten des Umschlags vertraut ist, wird heute nicht mehr benötigt. Deshalb lehrt die HFS vor allem Gabelstaplerfahren, Gefahrgutfahren und den Umgang mit Sprengstoffen und anderen Gefahrgütern. Neben dem regulären Ausbildungsbetrieb bietet die HFS für alle Bereiche Lehrgängen an, auch zum Erwerb von Einzelbefähigungs-

nachweisen. Im Gabelstaplerfahren bildet die HFS auch Angehörige von nicht hafenbezogenen Berufen aus. Die Schule liegt zwischen Speicher I und II an der Tetenstraße.

Hafengesundheitsamt
Das H. überwacht die Schiffahrt und Häfen in medizinischer und hygienischer Hinsicht. Es ist zugleich die amtliche Stelle für Gelbfieberimpfung und bietet auch öffentliche reise- und tropenmedizinische Beratungen. Keimzelle des Amts ist die gemeinsam von Bremen und Hannover 1828 eingerichtete »Quarantänekommission«. Aus dem beratenden Gremium (»Gesundheitsrat«) wurde 1901 ein eigenständiges Amt, das seit 1946 ein selbständiger Bereich in der Bremer Gesundheitsbehörde ist. Dienstsitz ist das ➡ Hafenhaus am Hafenkopf II.

Hafenhaus
wird das Verwaltungsgebäude am Kopf des Überseehafens genannt. Es ist unter anderem Sitz einer Außenstelle des 16. Polizeireviers (Walle) sowie des K 643 der Bremer Kriminalpolizei, der Wasserschutzpolizei, des ➡ Hafenkapitäns und der nautischen Abteilung des ➡ Hafenamtes, des ➡ Hafengesundheitsamts, der ➡ Lotsenbrüderschaft Weser I und des ➡ Bremer Schiffsmeldedienstes. Das Gebäude mit neoklassizistischer Fassade hatte ursprünglich ein Walmdach mit Fledermausgauben und einem Dachreiter samt Uhr. Nach einem Bombentreffer 1943 erhielt es ein Flachdach. Das H. war erst 1924/25 als querliegender Abschluß des langgestreckten und spitz zulaufenden Grundstück gebaut worden, auf dem sich seit 1906 die Gebäude der Hafenverwaltung errichtet worden. Einige Abschnitte aus diesem Komplex sind noch erhalten und dienen ihrem ursprünglichen Zweck. Im Erdgeschoß des Eingangs Hafenstraße 63 war früher eine Zollstation mit Zolltor untergebracht, im Kellergeschoß richtete Ende der 1920er Jahre der »Deutsche Frauenbund für alkoholfreie Kultur« eine Gaststätte ein. Ein Teil des Mitteltrakts wurde im Zweiten Weltkrieg vollständig zerstört und diente später als Baugrund für das Hochhaus der ➡ BLG.

Hafenkapitän
lautet die Amtsbezeichnung des Leiters der Abteilung 6 »Hafenkapitän und nautische Angelegenheiten« des ➡ Hansestadt Bremischen Hafenamtes, Bezirk Bremen, und hat alle Angelegenheiten nach dem Bremischen Hafengestz, der Hafenordnung und sonstigen hafenbezogenen Rechtsvorschriften wahrzunehemen, wie z.B. die Funktion als Sonderpolizei, Gewähreistung der Sicherheit und Leichtigkeit des Schiffsverkehrs und Schleusenbetriebes, Gefahrenverhütung und Abwehr. Der erste Bremer, der das Bundesverdienstkreuz erster Klasse erhielt, war der H. Franz Hauptmann. Grund der Ehrung waren seine Leistungen bei der Entminung und Aufräumung der bremischen Häfen (1952).

Hafensohle
wird der Grund des Hafenbeckens genannt.

Hakengüter ➡ Stückgut

Hansestadt Bremisches Hafenamt, Bezirk Bremen ➡ Hafenamt/Hafenbauamt

HHThw ➔ **Wasserstände**

Hiev(e)/hieven

Eine H. wird am Haken eines Hebezeugs, zumeist einem Kran, angehängt (»angeschlagen«). Sie umfaßt ein oder mehrere Stück gleichartigen Gutes, das von einem Seil oder Netz zusammengehalten wird. Hieven ist das Aufziehen, Schwenken oder Absetzen einer hängenden Last.

Kai ➔ **Kaje**

Kaje

ist der niederdeutsche, in Bremen ausschließlich gebrauchte Ausdruck für Kai, die zum Anlegen, Löschen und Laden von Schiffen hergerichtete Ufereinfassung eines Hafens.

Küper

sind die Kontrolleure der in den Hafen eingehenden Waren. Sie prüfen auf Schäden, Vollständigkeit (auch durch »verwiegen«) und auf Qualität (auch durch Probenziehung). Es gibt K. für Baumwolle, Kaffee und Tabak. Die Ausbildung zum Seegüterkontrolleur wird in Bremen nicht mehr angeboten, heutige K. erhalten Schulungen von ihren Firmen.

Ladung

ist die Sammelbezeichnung für alle mit einem Schiff transportierten Güter. Nach Art und Zusammensetzung unterscheidet man ➔ Stückgut (general cargo) und Massengut. L. wird im Maximum immer durch die Tragfähigkeit bzw. das Laderaumvolumen des betreffenden Schiffes begrenzt. ➔ Gefährliche Güter sind nach der Seefrachtordnung besonders zu behandeln. Nicht nur diese zählen zum Bereich der gefährlichen Ladung eines Schiffes, sondern auch solche Güter, die zum »Übergehen« neigen und im äußersten Fall ein Kentern des Schiffes verursachen können. Dazu zählt L., die flüssig, halbflüssig oder körnig ist. Im Laderaum der Schiffe sollen Schotts (querliegende Zwischenwände) dem Übergehen entgegenwirken.

Leinpfad

wird der unmittelbar hinter der Kante der ➔ Kaje gelegene schmale Wegstreifen genannt, den die ➔ Festmacher zum Anlegen der Trossen an die ➔ Poller benötigen. An Flüssen und Kanälen ist der L. der sogenannte Treidelweg, von dem aus in vorindustrialisierten Zeiten Ochsen, Pferde und auch Menschen die Kähne flußaufwärts zogen.

Liegeplatz

ist der einem Schiff im ➔ Hafen zugewiesene Platz an der ➔ Kaje. Er ist abhängig von der Umschlagtechnik, die zum Löschen oder Aufnehmen seiner ➔ Ladung benötigt wird. Wenn für beides unterschiedliche Arten erforderlich sind, muß das Schiff zwischenzeitlich den L. wechseln und verholt werden. Zum L. zählen die Kajenbauwerke, Versorgungsleitungen und Ausrüstungen, z.B. Gleisanlagen, Krane, ➔ Schuppen- und ➔ Speicherplätze. Außerhalb der Handelshäfen befinden sich Reede-, Bohr- und Schürfliegeplätze oder die Ausrüstungs- und Reparaturliegeplätze der Werften.

Lotsenbrüderschaft

Lotsen sorgen für die sichere Fahrt der Schiffe außerhalb hoher See. Im Land Bremen sind sie in zwei Brüderschaften organisiert: Weser II übernimmt die Schiffe bei Erreichen der Deutschen Bucht, Weser I bringt sie von Bremerhaven an ihren ➔ Liegeplatz bis nach Bremen oder in einen anderen Weserhafen oberhalb Bremerhavens. Die L. Weser I besteht aus 53 für das Weserrevier ausgebildeten Kapitänen, die turnusmäßig 24 Stunden am Tag in Abrufbereitschaft stehen. Bei Nebel koordinieren die Lotsen die Weserschiffahrt mit einer Radarkette von Land aus. Sitz der L. Weser I ist das ➔ Hafenhaus und das Lotsenhaus in Bremerhaven.

»Mäuseturm« ➔ **Molenturm**

Maschinenhaus

Das M. wurde 1905/06 von der Bauinspektion für Freibezirk und Holzhafen, der Vorgängereinrichtung des ➔ Hafenbauamts errichtet und der BLG übergeben. Darin war die Energie- und Heizzentrale für den neuen Hafen II untergebracht. Von hier aus wurde der vom Elektrizitätswerk gelieferte Strom den neuen Hafenteilen zugeführt und standen die Akkumulatoren. Das in zeitgenössischer Industriearchitektur errichtete Gebäude wurde mehrfach erweitert und je nach Bedarf durch Bauten ergänzt, die dem technischen Betrieb der ➔ BLG dienten (u.a. Elektrokarren- und später Gabelstaplerschuppen und -werkstätten sowie eine geräumige Stahlbauwerkstatt).

Massengutladung

ist ➔ Ladung, die nur aus einer Art Gut besteht. Dies können sein: Massen-Stückgutladungen (Holz, Metalle, PkW, ➔ Container usw.), Schüttgutladungen (lose geschüttet wie Erz, Kohle, Salz, Getreide, auch als Greifergut bezeichnet) und Flüssiggutladungen (Erdöl, Wein, Spirituosen, Chemikalien oder andere, in Tankern transportierte Ladungen).

Mole

Eine M. ist ein Damm aus Steinen, Spundwänden oder Beton, der die Hafeneinfahrt vor Versanden und stärkerem Seegang schützen soll. Sein wasserseitiges Ende, der Molenkopf, ist häufig Standort eines Seezeichens mit Leuchtfeuer. Beim Bremer Überseehafen markiert die Mole die Trennung zwischen der Weser und dem Wendebecken.

Molenturm

Am westlichen Ende der Mole zwischen der Weser und dem Wendebecken befindet sich ein Turm mit grünem Einfahrtsfeuer (Position: 53°06' Nord, 8°45' Ost, Feuerhöhe: 14 Meter, Optik: Gürtellinse). Vor Einsatz von Funkgeräten rief der Turmwärter über eine »Flüstertüte« (später Megaphon) den Lotsen ihren Liegeplatz zu. Der mit dem Hafen II errichtete Vorgängerbau war am 6. April 1925 von einem englischen Frachter durch Rammstoß in Schrägstellung gebracht worden und mußte erneuert werden. In den 1970er Jahren gab es bei dichtem Nebel nochmal eine kleinere Molenhavarie.

Der aus Sandstein mit Bossenwerk errichtete M. hat vermutlich einmal jemanden an eine Rheinfahrt und den »Binger Mäuseturm« erinnert, denn im Hafen heißt er »Mäuseturm«. Bei der Mole Europahafen stand früher ebenfalls ein M. Neben dem Turm ist an der ➜ Wendebeckenseite der Mole ein Uhrenpegel (➜ Pegel) angebracht. Die ehemals im Turm befindliche Uhr mit Nebelglocke wurde restauriert und steht heute vor dem Büro des ➜ Hafenkapitäns im ➜ Hafenhaus.

MThw, MTnw, MThb, MSpTnw ➜ Wasserstände

NRT (Nettoregistertonne) ➜ Registertonne

NN

steht für Normal Null, der für alle Höhenangaben angenommene Ausgangspunkt. Es ist abgeleitet vom mittleren Meeresniveau und daher in den einzelnen Ländern verschieden. Basierend auf dem Nullpunkt des ➜ Pegels von Amsterdam wurde NN in Deutschland im Jahre 1879 der amtlich festgelegte Bezugspunkt. Bereits die 1880 erschienen Nivellements des preußisch-deutschen Generalstabes bezogen sich auf NN, das sich in der Folge in Deutschland immer mehr durchsetzte. Siehe auch ➜ Bezugshöhen, ➜ Bremer Null, ➜ Wasserstände

NNTnw ➜ Wasserstände

Nordsee-Pegel Horizont (NPH) ➜ PN

offener Hafen ➜ Hafen ➜ Tidehafen

Ottilie-Hoffmann-Haus

Die Bremer Sozialreformerin Ottilie Hoffmann (1835-1925) war eine Vorkämpferin für Frauenbildung. Zugleich war sie energische Gegnerin von Alkoholmißbrauch und initiierte zahlreiche alkoholfreie Gaststätten. Auch im Hafen gab es mehrere O.-H.-H. für den ➜ Anbiet der ➜ Hafenarbeiter, im Überseehafen eines zwischen Schuppen 15 und 17.

Pegel

sind Wasserstandsmesser an Gewässern. Ein P. kann aus einem einfachen Meßstreifen (Lattenpegel) bestehen oder den ➜ Wasserstand über meist auf dem Schwimmerprinzip beruhende Anlagen anzeigen (elektrische oder mechanische Pegeluhr oder als Mareograph). Schreibende P. zeichnen u.a. den Verlauf der ➜ Gezeiten auf, die Tidekurve. Bis zu seiner Zerstörung 1943/44 gab es im Überseehafen im Turm von Schuppen 13a einen Rollband-Pegel, und am Hafenkopf befand sich eine große Pegeluhr, die nach der Beckenverfüllung an der Industriehafenschleuse aufgebaut wurde. Eine weitere Pegeluhr steht neben dem ➜ Molenturm.

PN

ist die Abkürzung für Pegel Null, den Bezugshorizont eines Pegels (➜ Bezugshöhen). In den deutschen Tidegebieten liegt dieser bei -5,01 NN. Die heute nicht mehr gebräuchliche Bezeichnung lautete Nordsee-Pegel Horizont (NPH).

Poller

sind niedrige Säulen, die zum Vertäuen von Schiffen dienen (➜ Festmacher). Die Form ist meist zylindrisch und pilzförmig. Das Material kann variieren, ist aber bei der Normalform Grauguß. Damit sie dem Trossenzug standhalten können, sind P. im Fundament bzw. der Kajekonstruktion eingespannt.

Registertonne

ist eine Einheit zur Maßangabe von Schiffsraum. Sie beträgt 2,8316 Kubikmeter (= 100 englische Kubikfuß). Bruttoregistertonnen (BRT) benennen den gesamten umbauten Raum eines Schiffs, Nettoregistertonnen seine gesamte umbaute Ladekapazität. Siehe auch ➜ tdw

Reibpfähle

werden die in der Hafensohle vor der Kajemauer eingerammten Pfähle aus Holz oder Stahl genannt, die im Kopfbereich mit der Kajemauer verbunden sind. R. sollen beim Anlegen der Schiffe sowohl ➜ Kaje als auch Schiffsrumpf schützen.

Reibhölzer

sind heute nicht mehr in Gebrauch. Sie waren Kanthölzer, die senkrecht auf der Kajemauer befestigt wurden. Zwischen ihnen verliefen waagerechte Streben. Wie ➜ Reibpfähle sollten sie ➜ Kaje und Schiffsrumpf vor Beschädigungen schützen.

Schleusenhafen

Ein S. ist durch eine Schleuse abgeschlossen und somit von den mit der ➜ Tide wechselnden ➜ Wasserständen unabhängig. In Bremen sind dies die Becken des Industriehafens: Hafen A, F, E, Kalihafen, Kohlenhafen, Hüttenhafen und Oelhafen.

Schlick

wird gebildet von feinkörnigen Sedimenten aus Schwebstoffen (Ton, Schluff, Sand), ist stark schadstoffbelastet durch Schwermetalle (Cadmium, Blei, Zink) wie auch durch organische Schadstoffe (PCB, PAK, TBT u.a.) und muß daher aufwendig und kostenintensiv deponiert werden. S. wird mit dem Weserwasser transportiert und setzt sich in den strömungsberuhigten, flächengrößeren Hafenbecken ab. Eimerkettenbagger sind ständig für Unterhaltungsbaggerungen im Einsatz. Echolotpeilungen ermitteln ein jährliches Schlickaufkommen von ca. 500.000 Kubikmetern.

Schuppen

sind die »Ausgleichsbehälter« des Hafenumschlags von ➜ Stückgut. In ihnen können die von einem Transportmittel (Schiff, Eisenbahn, LKW) gebrachten Güter vor ihrer Umladung auf ein anderes zwischengelagert werden. Was länger zu lagern ist, kommt in die ➜ Speicher. S. sind untergliedert in Abteilungen, denen je ein ➜ Betriebsgebäude zugeordnet ist.

Seehafen ➜ Hafen

SKN

ist die Abkürzung von Seekarten Null und entspricht dem MSpTnw (➜ Wasserstände).

Sohle ➜ Hafensohle

Solltiefe

Die S. ist die erforderliche Wassertiefe unter einer bestimmten Bezugshöhe. In tideabhängigen Häfen ist dies MSpTnw (➜ Wasserstände). Bei der Festlegung der S. der ➜ Hafensohle vor Ufermauern ist der Tiefgang des größten anlegenden, vollgeladenen Schiffes zu berücksichtigen, wobei auch der Salzgehalt des Hafenwassers wegen Beeinflußung des Auftriebs eine Rolle spielt. Ferner muß ein Schutzraum von mindstens 0,50 Meter zwischen Schiffsboden und S. eingerechnet werden.

Speicher

dienen zur Aufnahme von Waren, die nicht sofort nach ihrer Ankunft im ➜ Hafen für den kurzfristigen ➜ Umschlag bestimmt sind, sondern über einen längeren Zeitraum gelagert werden sollen. Zum Überseehafen gehörte mit Speicher XI nur ein S., der jedoch nach dem Zweiten Weltkrieg aus der baulichen Verbindung mit dem in einer Flucht benachbart stehenden Speicher XIII hervorgegangen ist. In Bremen sind die S. so konzipiert worden, daß sie Anschluß an die ➜ Hafenbahn haben, von der Ladestraße aus mit Fuhrwerk oder LKW erreichbar waren und per Kran vom gegenüberliegenden Schuppen bedient werden konnten. Der 1910-12 errichtete und fast 400 Meter lange Speicher XI steht seit 1994 unter Denkmalschutz.

Spill

Ein S. ist eine Maschine mit senkrechter Achse zum Bewegen von Trossen und Ketten, die im Unterschied zur Winde nicht auf eine Trommel laufen, sondern durch Seilreibung (bei Ketten meist durch Formschluß) mitgenommen werden. Ein S. zwischen Gleisen dient zum Verschieben von Waggons, an Ufern zum Verholen eines Schiffs, z.B. in der Schleuse. Sie werden elektrisch oder über Getriebe angetrieben (im Hafen I zuerst mit Druckwasser). Im Überseehafen ist an der Kreuzung Kajegleis Schuppen 13/Cuxhavener Straße noch ein S. zu sehen.

Stauer

sind ausgebildete ➜ Hafenarbeiter die beim ➜ Umschlag von Gütern auf ein Schiff das fachgerechte Verstauen der ➜ Ladung im Laderaum oder auf Deck anleiten und kontrollieren.

Stückgutladung (engl. general cargo)

Transportwaren werden durch ihre Verpackungen wie Kisten, Ballen, Netze, Säcke und Fässer oder durch Paletten zu St. Sie werden auch als »Hakengüter« bezeichnet, weil sie sich als ➜ Hiev bewegen lassen. (➜ Ladung)

Tallymann

Der T. ist wie der ➜ Küper ein Seegüterladungskontrolleur. Vor Einlaufen eines Schiffes beauftragt der Reeder eine Tallyfirma mit der Vorbereitung der Ladungsabfertigung. Sie schickt einen T., der die einzelnen Teile einer ➜ Ladung identifiziert und ihren äußeren Zustand prüft. Das englische Wort Tally steht für das Kerbholz, in das in früheren Zeiten die Anzahl der Güter eingeschnitten wurde.

tdw

ist die Abkürzung für die Maßeinheit »ton dead-weight« (Tonne Totgewicht) zur Angabe der Tragfähigkeit eines Schiffes und drückt somit den Wert seiner maximale Zuladung in Tonnen aus.

Tide

ist das niederdeutsche Wort für Zeit und benennt in der Schiffahrt die Gezeiten, die periodische, von Mond und Sonne hervorgerufene

Niveauschwankung des Meeres. Die Zeitdifferenz zwischen Hoch- und Niedrigwassern beträgt zwölf Stunden und 25 Minuten. Das Steigen des Meeresspiegels heißt Flut, das Fallen wird Ebbe genannt.

Tidegrenze

Stelle eines Wasserlaufs, bis zu der die Tide noch vorhanden ist. Bei der Weser befindet sich diese am Wehr in Hastedt, dort ist ein mittlerer Tidehub (MThb) von ca. 3,90 Meter zu verzeichnen.

Tidehafen

Auch Flut- oder Hochwasserhafen genannt, ist ein T. ein offener Hafen im Tidegebiet, in den Schiffen nur bei angestiegenen Wasserständen einfahren können. Die bremischen Häfen sind weitgehend tideunabhängige offene Häfen (➜ Hafen).

Umschlag

bezeichnet die Überführung von Waren vom Beförderungsmittel (Schiff, Eisenbahn, LKW) ins Lager (Speicher) oder Zwischenlager (Schuppen).

Vize

leitet sich ab von dem lateinischen Wort »vice« (an der Stelle von), verselbständigte sich und bedeutet heute generell Stellvertreter. Im Hafen bezeichnet »Vize« den ➜ Vorarbeiter, der die Arbeit eines ➜ Gangs beaufsichtigt.

Vorarbeiter

sind ➜ Hafenarbeiter, die einen ➜ Gang leiten und alle von ihm vorgenommenen Güterbewegungen überwachen. Sie werden auch ➜ »Vize« oder »Dampfervorleute« genannt

Wasserstände

spielen naturgemäß in der gesamten Schiffahrt, aber besonders in der Fluß- und Hafenschiffahrt eine zentrale Rolle. Die Nautik verwendet unterschiedliche Einheiten (siehe auch ➜ Bezugshöhen). Zu ihnen gehören unter anderen:

HHThw = überhaupt bekannter höchster Stand des Tidehochwassers

MThw = mittlerer Tidehochwasserstand in einem betrachteten Zeitraum

MTnw = mittlerer Tideniedrigwasserstand in einem betrachteten Zeitraum

MThb = mittlerer Tidenhub, Höhenunterschied zwischen MThw und MTnw

MSpTnw = mittleres Springtideniedrigwasser

NNTnw = überhaupt bekannter niedrigster Stand des Tideniedrigwassers

Wasserschutzpolizei

Die W. des Landes Bremen ging aus der nach Ende des Zweiten Weltkrieges durch die US-amerikanische Besatzungsmacht ins Leben gerufene »Wasserschutz & Schiffsinspektion« hervor. Am 1. Oktober 1948 entstand die W. als selbständige Behörde und hat seitdem ihren Hauptsitz im ➜ Hafenhaus. Neben den allgemeinpolizeilichen Aufgaben der Gefahrenabwehr und Strafverfolgung sowie der grenzpolizeilichen Überwachung in den Seehäfen Bremen und Bremerhaven ist sie im schiffahrtspolizeilichen Vollzug »langer Arm« für die Hafenämter und die Wasser- und Schiffahrtsverwaltung des Bundes. Sie überwacht den

Schiffsverkehr, Gefahrgut und maritimen Umweltschutz. Mit der Verfüllung des Überseehafens wurde der ➜ Liegeplatz der Polizeiboote vom Hafenkopf ins ➜ Wendebecken verlegt.

Wendebecken

sind große freigehaltene Wasserflächen vor Hafenbecken. Sie bieten den erforderlichen Platz für das Drehen von Schiffen, die rückwärts zu ihrem ➜ Liegeplatz fahren sollen. Das Wendebecken vor dem ehemaligen Überseehafen hat einen Wendekreis-Durchmesser von 370 Metern.

Zollausschluß

Als Z. galten gemäß des bis zum 31.12.1993 geltenden deutschen Zollrechts deutsche Hoheitsgebiete, die einem ausländischen Zollgebiet angeschlossen waren. Dies ist jedoch im Bremer ➜ Zollfreibezirk nicht der Fall, so daß die Bezeichnung nicht korrekt ist. Mit dem Abbau der Gleise des »Bahnhofs Zollausschluß« wird sie jedoch verschwinden. Die 1941 von der Handelskammer beantragte Umbenennung in »Bremen-Freihafen« wurde lapidar als »nicht siegentscheidend« abgelehnt und scheiterte 1952 schließlich an der Summe von DM 2800,-. Dies waren die im Haushalt der Stadt Bremen nicht unterzubringenden Kosten für den Namenwechsel.

Zollfreigebiet

Wie die Insel Helgoland zählten die Bremer und Hamburger Freihäfen gemäß dem bis zum 31.12.1993 geltenden deutschen Zollrecht als Z. und waren vom deutschen Zollgebiet ausgenommen. Das Zollrecht war in ihnen jedoch nicht aufgehoben, sondern nur eingeschränkt wirksam, weshalb »Zollfreigebiet« irreführend ist. Die früheren Freihäfen sind »Freizonen« im Sinne des heute gültigen Zollkodexes der Europäischen Union. Die Aufhebung des Freigebiets rechts der Weser erfolgt mit Ablauf des Jahres 1999.

Zollverschlag

Zollverschläge gab es bis in die 1960er Jahre. Es handelte sich dabei um einen durch Maschendraht abgetrennten Bereich in den ➜ Schuppen. Er stand unter der Regie der ➜ BLG und diente der sicheren Aufbewahrung von »sensiblen« Gütern, das heißt für solche, auf die entweder besonders hohe Zollsätze zu erwarten waren oder sonst in zolltechnischer oder polizeilicher Hinsicht einen verdächtigen Eindruck machten.

Zollzaun

Ist die zollsichere Umfriedigung des Freihafens (der Freihafenzone) zu Lande, mindestens drei Meter hoch, aus starkem Drahtnetz mit Maschen von höchstens vier Zentimeter Länge und Breite.

Zollseitenleiter

waren erfahrene Zollbeamte (meist im Rang von Zolloberinspektoren), die Koordinierungsaufgaben zwischen den Zollabfertigungsstellen auf der Nord- bzw. Südseite des jeweiligen Hafenbeckens wahrnahmen und zugleich Ansprechpartner für die beteiligten Unternehmen waren.

Literatur

Abendroth, Michael und Niels Beckenbach, Siegfried Braun, Rainer Dombois: Hafenarbeit. Eine industriesoziopolitische Untersuchung der Arbeits- und Betriebsverhältnisse in den bremischen Häfen. Frankfurt/ M, New York 1979.

Agatz, A. und Ralph Lutz: Seeverkehrswasserbau. In: Schleicher, 789-850

Andersen, Arne und Jürgen Bartkowiak, Uwe Kiupel, Hermann J. Pölking-Eiken: Die Häfen in Bremen - Kurs Zukunft. Ein Jahrhundert Freihafen und Weserkorrektion. Herausgegeben vom Senator für Häfen, Schiffahrt und Verkehr und der Bremer Lagerhaus-Gesellschaft. Bremen 1988

Apelt, Hermann: Bremens Häfen, Schiffahrt und Verkehr. In: Schaffendes Bremen, 109-150

Apelt, Hermann: Kurzer Überblick über die Entwicklung der Bremischen Häfen. In: Drei Vorträge gehalten auf der 28. Versammlung der Freien Vereinigung [der Weserschiffahrts-Interessenten] in Bremen am 9. Mai 1910. Kassel 1910, 3-10

Aschenbeck, Nils: Die Architektur der stadtbremischen Häfen. Ein Führer zu den wichtigsten Bauwerken im Europahafen, Überseehafen, Getreidehafen, Holz- und Fabrikhafen, Werfthafen und Hohentorshafen. Bremen 1994

Bolle, A.: Der Mensch als Faktor des Hafenumschlags. In: Handbuch für Hafenbau und Umschlagtechnik, hg. im Auftrag der Hafenbautechnischen Gesellschaft e.V. von der »Hansa«. Zeitschrift für Schiffahrt, Schiffbau, Hafen. Hamburg 1953, 145-147

Bremen, Bremerhaven. Häfen am Strom (River Weser Ports). Herausgegeben von der Gesellschaft für Wirtschaftsförderung Bremen. 7. Aufl. Bremen 1966

Bremen heute. Stadt Wirtschaft Häfen im Überblick. Bearbeitet von Dr. Herbert Brenning. Hg. vom Verkehrsverein der Freien und Hansestadt Bremen e.V. Dezember 1974

Bremen und seine Bauten. Bearbeitet und herausgegeben vom Architekten- und Ingenieur-Verein. Mit 800 Abbildungen und 12 Beilagen. Bremen 1900

Bremen und seine Bauten. 1900-1951. Herausgegeben von Senator i.R. Dr.-Ing. E.H. Carl Tahlenhorst. Bremen: Schünemann Verlag 1952

Deutsche Hafenpläne. Blatt 2: Bremen und Bremerhaven mit einem Auszug aus der Hafenordnung für die stadtbremischen Häfen und für Bremerhaven, deutsch-englische Ausgabe. Hamburg: Meissner & Christiansen 1928

Engelbertz, Susanne: Inhaltliche Schwerpunktsetzung des zweiten Symposiums »Stadt am Strom«. In: Bund Deutscher Architekten im Lande Bremen [und der] Senator für Umweltschutz und Stadtentwicklung [Hgg.]: Stadt am Strom. Dokumentation des Planer- und Architekten-Workshops vom 20.-23. Oktober 1992 in Bremen. Bremen: Edition Temmen 1993, S. 41-43

Flügel, H[einrich].: Der Seehafen Bremen [= Musterbetriebe deutscher Wirtschaft, Band 26: Der Seehafen]. Leipzig: Verlag der Übersee-Post 1931

Gläbe, Friedrich: Die Unterweser. Chronik eines Stromes und seiner Landschaft. Bremen: Eilers & Schünemann Verlagsgesellschaft 1968

Hacker: Die Umgestaltung der Hafeneinfahrt II in Bremen. In: Deutsches Bauwesen, Band III, Heft 12 (Dez. 1927), 272-275

Hacker: Der Ausbau des Hafens II in Bremen. Erweiterter Sonderdruck aus der Zeitschrift des Vereines deutscher Ingenieure, Band 73 (1929), Nr. 52

Hafenandbuch Bremen Bremerhaven, Hamburg: Seehafen-Verlag o.J. [1991]

Hafenbetriebs-Verein Bremen e.V. (Hg.): 50 Jahre Hafenbetriebs-Verein in Bremen e.V. 1914/1964, Bremen: Eigenverlag o.J. [1964]

Hedde, Peter unter Mitarbeit von Paul Beck: Baugeschichtliche Entwicklung der bremischen Hafenanlagen. In: Die Entwicklung der bremischen Hafenanlagen bis 1928. Sonderdruck aus dem Jahrbuch der Hafenbautechnischen Gesellschaft 1926, ergänzt bis 1928, 36-75

Helle, Horst Jürgen: Die unstetig beschäftigten Hafenarbeiter in den nordwestdeutschen Häfen. Stuttgart: Gustav Fischer 1960 [= Sozialwissenschaftliche Studien Heft 2]

Hofschen, Heinz-Gerd (Redaktion): Bremen wird hell. 100 Jahre Leben und Arbeiten mit Elektrizität. Bremen 1993 [= Veröffentlichungen des Bremer Landesmuseums für Kunst und Kulturgeschichte - Focke-Museum, hg. von Jörn Christiansen, Nr. 92]

Hüsener, Helmut: Baumwollhafen Bremen/Cotton=Port Bremen. Bremen, Frankfurt/M 1951 [= Schriftenreihe »Bremische Wirtschaft«, Band 2]

Jung, Helmut: Hochbauten. In: Der Wiederauf und Ausbau der Häfen in Bremen und Bremerhaven seit 1945. Sonderdruck aus dem Jahrbuch der Hafenbautechnischen Gesellschaft, 20./21. Band 1950/51. Berlin, Göttingen, Heidelberg 1953, 180-192

Kiupel, Uwe: Ankerwinsch und Elektrokarren. Die Elektrifizierung der Schiffahrt und des Hafenumschlags. In: Hofschen, 250-265

Kloos, Werner: Bremer Lexikon. Ein Schlüssel zu Bremen, 2. Aufl. 1980

Knauf, Diethelm und Helga Schröder (Hgg.): Fremde in Bremen. Auswanderer, Zuwanderer, Zwangsarbeiter. Bremen 1993

Kozlowski, Egmont: 50 Jahre Wasserschutzpolizeiamt Bremen. Herausgegeben vom Wasserschutzpolizeiamt Bremen in Zusammenarbeit mit dem Hanseaten Verlag, Bremen 1998

Leip, Hans: Lächelnder Roland. In: MERIAN. Das Monatsheft der Städte und Landschaften: Bremen. Heft 7/XVIII (1965), 5-9

Löbe, Karl: Seehafen Bremen. 100 entscheidende Jahre. Bremen 1977

Löbe, Karl: Seeschiffahrt in Bremen. Das Schiff gestaltete Hafen und Stadt. Bremen 1989

Loewer, Rolf: Kaigestaltung und Flurförderung. In: Handbuch für Hafenbau und Umschlagstechnik. Herausgegeben im Auftrage der Hafenbautechnischen Gesellschaft e.V. von der »Hansa« Zeitschrift für Schiffahrt, Schiffbau, Hafen (1953), 197-199

Lüders, Karl: Kleines Küstenlexikon. Technik und Natur an der deutschen Nordseeküste, wichtigste Begriffe in Wort und Bild. 2. erw. und neubearb. Aufl. Hildesheim 1967 [= Veröffentlichungen des Niedersächsischen Instituts für Landeskunde und Landesentwicklung an der Universität Göttingen und = Schriften der Wirtschaftswissenschaftlichen Gesellschaft zum Studium Niedersachsens e.V. Reihe A: Forschungen zur Landes- und Volkskunde I. Natur, Wirtschaft, Siedlung und Planung, Band 82]

Lutz, Ralph: Zustand der Häfen 1945 und Wiederaufbau des Betriebes. In: Der Wiederauf und Ausbau der Häfen in Bremen und Bremerhaven seit 1945. Sonderdruck aus dem Jahrbuch der Hafenbautechnischen Gesellschaft, 20./21. Band 1950/51. Berlin, Göttingen, Heidelberg 1953, 149-159

Lutz, Ralph: Der Wiederaufbau der westlichen deutschen Seehäfen. In: Jahrbuch der Hafenbautechnischen Gesellschaft. 19. Band (1941-1949), Berlin, Göttingen, Heidelberg 1951

Lutz, Ralph: Flurfördergeräte im Stückguthafen. Einsatz und Einfluß auf Hafenanlagen. In: Handbuch für Hafenbau und Umschlagstechnik. Herausgegeben im Auftrage der Hafenbautechnischen Gesellschaft e.V. von der »Hansa« Zeitschrift für Schiffahrt, Schiffbau, Hafen, Band V (1960), 237-240.

Mader, Richard: Hafenrundfahrt Bremen. Hamburg 1982

Martens, Rolf: Die bremische Hafenbahn und der Betriebsvertrag von 1930. Herausgegeben vom Eisenbahnfreunde Bremen e.V. o.J.

Meyer, Hanns: Das Bremer Gesicht. Ein Wegweiser durch das alte und neue Bremen. 2. neubearb. und erweit. Aufl., Bremen 1938 (1. Aufl. 1934)

Meyer, Hanns: Seehafen-Industrie. In: Merian. 6. Jahrgang (1953), Heft 12, 92-94

Müller, Karl-Heinrich und Günter Gerdes, Gerhard Thoms und Klaus-Peter Rehm: Die Hafenanlagen in Bremen. (Teil III. von: Porträt der bremischen Seehäfen 1976/77) In: Jahrbuch der Hafenbautechnischen Gesellschaft, 35. Band (1975/76), Berlin, Heidelberg, New York 1977, 41-55

Naß, Ernst: Maschinen- und Elektrotechnik. In: Der Wiederauf und Ausbau der Häfen in Bremen und Bremerhaven seit 1945. Sonderdruck aus dem Jahrbuch der Hafenbautechnischen Gesellschaft, 20./21. Band 1950/51. Berlin, Göttingen, Heidelberg 1953, 170-180

Nirrmann, Charlotte: Die Hafenarbeiter Bremens in der Weimarer Republik. In: Arbeitsplätze. Schiffahrt, Hafen, Textilindustrie 1880-1933 [= Beiträge zur Sozialgeschichte Bremens, Heft 6], Bremen 1983

Patemann, Reinhard: Bremische Chronik 1957-1970. Bremen 1973 [= Veröffentlichungen aus dem Staatsarchiv der Freien Hansestadt Bremen, Band 41]

[Peters, Fritz:] Zwölf Jahre Bremen. 1945-1956. Eine Chronik von Fritz Peters. Bremen 1976

Robert, Mäti: Schiffe, Meer und Weite. In: Merian. 6. Jahrgang (1953), Heft 12, 42-48

Schaefer, Richard: Maschinen- und Elektrotechnik (III.). In: Die neueren Hafenbauten in Bremen und Bremerhaven, Sonderdruck aud dem Jahrbuch der Hafenbautechnischen Gesellschaft 27./28. Band (1962/63), 161-165

Schaffendes Bremen. Herausgegeben von Hanns Meyer in Zusammenarbeit mit vielen anderen. 2. Aufl. Bremen 1960 (1. 1952)

Schleicher, Ferdinand (Hg.): Taschenbuch für Bauingenieure, Band II Berlin, Göttingen, Heidelberg 1955

Schwarzwälder, Herbert: Geschichte der Freien Hansestadt Bremen. 2., um einen Band erweiterte und verbesserte Auflage Bremen 1995

Siedler, Ernst W. und Paul Süß: Da lacht der Hafen. 50 heitere Geschichten aus der Welt der Kräne, Speicher und Schiffe in der Hansestadt Bremen. Bremen o.J. [Buchausgabe der im Sommer 1954 als Fortsetzungsreihe in den Bremer Nachrichten abgedruckten Geschichten.]

Stein: Neuzeitliche Umschlagschuppen in den bremischen Seehäfen. In: Deutsches Bauwesen, Band 3, Heft 12 (Dez. 1927), 275-278.

Tillmann, Heinrich und Hacker: Die Hafenanlagen zu Bremen, 3-11. Sonderdruck aus: Sympher (Hg.): Die Wasserwirtschaft Deutschlands und ihre neuen Aufgaben. 1921

Tillmann, Heinrich: Die bremischen Häfen in Bremen-Stadt und Bremerhaven. Sonderdruck aus [der Monatsschrift des Weserbundes]: Die Weser (1925), Nr. 6.

Tillmann, Heinrich unter Mitarbeit von Andreßen und A. Agatz: Die Entwicklung der Umschlageinrichtungen in den bremischen Häfen. In: Die Entwicklung der bremischen Hafenanlagen bis 1928. Sonderdruck aus dem Jahrbuch der Hafenbautechnischen Gesellschaft 1926, ergänzt bis 1928, 91-165

Utz, Armand: Bremens Seeschiffahrt und Außenhandel vor, in und nach dem Weltkrieg. Maschinenschriftliches Exemplar einer Staatswissenschaftlichen Dissertation der Universität Erlangen 1922

Wegner, Hartwig: Studie über die Wasserwege zu den deutschen Seehäfen. In: Jahrbuch der Hafenbautechnischen Gesellschaft. 23./24. Band (1955/57), 77 ff.

Weidinger, Ulrich: Mit Koggen zum Marktplatz. Bremens Hafenstrukturen vom frühen Mittelalter bis zum Beginn der Industrialisierung. Bremen 1997

Wollin, Gerh[ard].: Eisenbahnanlagen, Straßen- und Brückenbau. In: Der Wiederauf und Ausbau der Häfen in Bremen und Bremerhaven seit 1945. Sonderdruck aus dem Jahrbuch der Hafenbautechnischen Gesellschaft, 20./21. Band 1950/51. Berlin, Göttingen, Heidelberg 1953, 159-170

zuhause in Bremen. Ein Wegweiser durch die Hansestadt. 1. Auflage 1970. Bremen 1970

Bildnachweis

Archiv der Bremer Lagerhaus Gesellschaft (BLG): 4, 7 (oben), 19, 20, 24, 25, 26, 27, 30, 32, 37, 38, 68, 69, 71, 72, 73, 74, 75, 76, 85, 86, 88, 90, 94, 95, 98, 106, 109, 112, 113, 117, 124, 127, 128, 129, 130, 133, 134.

Studio B: 163.

Bremer Landesmuseum/Focke-Museum: 42, 45, 93.

Bremer Landesmuseum/Focke Museum – Gabriela Beck: 7 (unten), 8, 146, 153, 154, 156, 157, 158, 159, 160.

Archiv Hafenamt: 10, 34, 40, 41, 44, 46, 48, 50, 51, 53, 56, 63, 67, 80, 83, 87, 92, 95, 96, 97, 103, 104, 105, 107, 111, 115, 116, 121, 141, 164 (oben).

Landesbildstelle Bremen: 6, 9, 12, 15, 16, 18 (unten), 20, 21, 28.

aus: Hedde, Peter unter Mitarbeit von Paul Beck: Baugeschichtliche Entwicklung der bremischen Hafenanlagen: 23, 78, 79, 82, 84, 100, 101.

Torsten Wolf: 114/115, 119.

aus: N. Aschenbeck, Schnelldampfer Bremen, Die Legende, Delmenhorst (Aschenbeck&Holstein) 1999, Privatbesitz Herr Taucke: 48.

Staatsarchiv Bremen: 14, 91, 52, 54.

Rudolf Schröger: 164 (unten).

Karl Rekort: 149.

Christiane Gartner: 165.

Imperial War Museum, London: 55, 58, 60.

aus: Andersen, Bartkowiak, Kiupel, Pölking-Eiken, Die Häfen in Bremen: 17, 18, 19.

Archiv des Verlages: 152.

Karten im Vor- und Nachsatz: Mit freundlicher Genehmigung des Hafenamt Bremen.

Die Autoren

Dr. Klaus Schlottau, geb. 1954, Historiker, Wissenschaftlicher Mitarbeiter der Universität Hamburg. Veröffentlichungen zur norddeutschen Regionalgeschichte.

Dr. Daniel Tilgner, geb. 1965, Historiker, Wissenschaftlicher Mitarbeiter der Universität Bremen. Veröffentlichungen zur norddeutschen Regionalgeschichte.

Dr. Heinz-Gerd Hofschen, geb. 1949, Historiker, Wissenschaftlicher Mitarbeiter der Universität Bremen und des Bremer Landesmuseums für Kunst und Kulturgeschichte, Focke-Museum. Veröffentlichungen zur Geschichte der Arbeiterbewegung, zur Geschichte der Bundesrepublik Deutschland und zur Regionalgeschichte.

Klaus Wolf, geb. 1940, Dipl.-Ingenieur, Sachgebietsleiter für Planung, Neubau und Unterhaltung von Hoch- und Ingenieurbauten im Hafenamt Bremen.

2. Auflage 2005
Mit freundlicher Unterstützung der

Die Deutsche Bibliothek – CIP-Einheitsaufnahme
Der Bremer Überseehafen / Klaus Schlottau ; Daniel Tilgner (Hrsg.). Mit Beiträgen von Heinz-Gerd Hofschen ... – Bremen : Ed. Temmen, 1999
ISBN 3-86108-632-8

© EDITION TEMMEN
Hohenlohestr. 21, 28209 Bremen, Tel. 0421-34843-0, Fax 0421-348094
info@edition-temmen.de, www.edition-temmen.de
Herstellung: EDITION TEMMEN

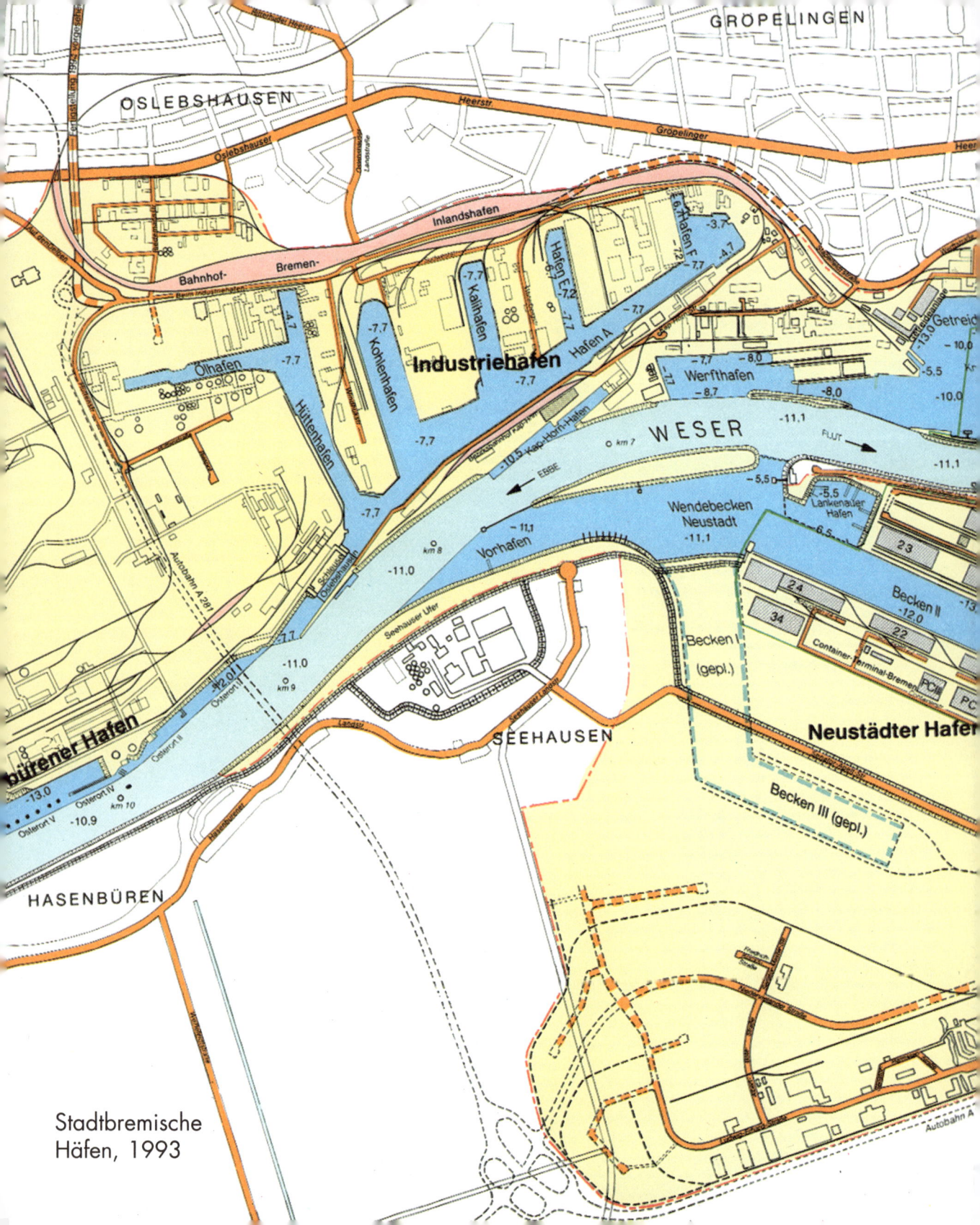

Stadtbremische
Häfen, 1993